日本と韓国の「眺め合い」を考察する

霞山アカデミー新書　社 0001

目次

第一章　日韓間の「眺め合い」でなぜ「葛藤」が目立つようになったのか

1. 日韓間の「してやられた感」

「戦後最悪」が決まり文句

『『戦後最悪』と評された日本と韓国の関係は尹錫悦《ユンソンニョル》大統領がかじを切って改善の歯車が回り始めた。この動きは定着・発展していくか、逆回転の恐れはないのか」――2023年7月4日付の『日本経済新聞』に同紙編集委員の峯岸博氏が書いた記事の書き出しだ。

「評された」と過去形で書かれているように、2022年5月に発足した尹錫悦政権下の韓国は日本との関係を劇的に改善させた（改善へ向かった経緯は、小針進・大貫智子『日韓の未来図　文化の熱狂と外交の溝』集英社、2024年の第4章「外交の現場から見た日韓関係の『復元』」で、大貫氏が詳述している）。

しかし、その少し前までは、新聞も、テレビも、ネットニュースも、ラジオも、両国関係に関して「最悪」という文句を頻繁に使っていた。

特に聞くようになったのは、２０１９年から２０年にかけてである。たとえば、「日韓関係は戦後最悪と言われ、両国の政治家が打開へ向けて知恵を絞ることが求められている」（『朝日新聞』２０１９年10月19日付、社説）といった論調での使われ方であった。

新聞の投書欄にも「韓国からの留学生五人の身元保証人を十年間務め、韓国に多くの友人がいます。現在、政治的に戦後最悪ともいわれている日韓関係になり、とても残念です」（『読売新聞』２０１９年10月７日）という、東京在住の70代女性の声が載っている。

正確には、「１９６５年の国交正常化以降で最悪」と言ったほうがよいだろう。韓国で最大部数の日刊紙『朝鮮日報』を見ると、「韓日関係は国交以後最悪で、金大中《キムデジュン》拉致の時よりも深刻だ」（２０１９年７月９日付）という表現を使っている。

金大中拉致事件とは、１９７３年８月、当時の朴正熙《パクチョンヒ》政権と激しく対立する野党指導者であった金大中氏（のちに大統領）が訪日中、東京のホテルから白昼拉致され、５日後にソウルの自宅付近で「発見」された事件だ。ホテルには駐日韓国大使館一等書記官の指紋が検出され、韓国当局の関与が濃厚となったため、金大中氏の人権だけでなく、日本の主権侵害が争点となり、日韓間の外交関係が緊張した。

　2019年以降の日韓関係は、これよりも深刻だというのである。なぜ、こうなったのか。

「元徴用工らへの賠償を日本企業に命じた韓国最高裁の確定判決から30日で1年となる。戦後最悪の日韓関係を招いた韓国の問題行動はいくつもあるが、最大の理由はこれである」と、『産経新聞』は2019年10月27日付の社説欄で指摘する。いわゆる徴用工問題に端を発することは、同紙に限らず、日本であれ、韓国であれ、衆目の一致するところだ。徴用工問題について、詳しくは後述したい。

　その一方で、「戦後最悪」とは真逆の日本と韓国の関係も、この頃に垣間見えた。韓国のポップ音楽「K-POP」が、日本社会でますます定着していった時期だ。「日本の十代、狭き門に挑む、夢はK-POPアイドル、世界で成功『私たちも』」という見出しの『日本経済新聞』（2020年3月23日付）の記事よれば、2018年から19年にかけてK-POPアイドルの卵を日本で育てることを目的とする5つの専門学校の学科が、東京や大阪などで新設され、生徒数も急増したという。

　K-POPアイドルのグッズ、韓国コスメ、韓国フードを買い求める中高生らが、東京の新大久保や大阪の生野コリアタウンに殺到する様子が日常の光景となった。2019年に韓国を訪れた日本人は、前年比11%増の約327万人で、300万人を超えたのは7年ぶりであった（韓国観光公社統計）。

「戦後最悪」といっても、それは「政治・外交関係」に限られるようにも見える。「日韓関係は戦後最悪」は、そうした限定的な意味である。そもそも、A国とB国の二国間関係を論じる場合、「AB間の政治・外交関係」という狭義の意味で使われることが多い。本来は「経済」「文化」「社会」など多層的に見て、「良い」「悪い」を評価すべきなのだ。

「日本が譲歩するぐらいなら関係改善を急ぐ必要はない」

ただ、「日韓関係は戦後最悪」が「政治・外交関係」に限られるように見えても、2019年以降、日本人の韓国観、韓国人の日本観には計り知れない影響があった。相手の国から何かを、「してやられてしまった」という感覚の広がりである。いわゆる「してやられた感」といったものだ。

日本社会で韓国に「してやられた」と受け止められた、決定的な出来事は、先に触れた徴用工問題である。第二次大戦中、日本統治下の朝鮮半島から日本本土に徴用された労働者をめぐる問題で、元徴用工らは当時の雇用主であった日本企業を相手取る複数の訴訟を起こしていたところ、2018年10月30日、最高裁判所に相当する韓国の大法院が、被告のひとつである新日鉄住金に賠償を命じる確定判決を下したのだ。これは、日韓両国が1965年に国交樹立する際に締結した請求権と経済協力に関する協定に抵触する判決なのである。なぜならば、日本が経済協力資金を支払うことで請求権問題が「完全かつ最終的に解決された」と確認されているからだ。

「国際法違反」と判断した日本政府は、2019年1月から6月にかけて外交協議を要請したものの、韓国政府は「司法判断」を盾に、反応が鈍かった。請求権協定では、紛争が発生した際の解決策として、①まずは二国間の外交協議で解決を図り、②解決しない場合は日韓と第三国による仲裁委員会の設置をし、③それも不調な場合は第三国のみによる仲裁委員会を設置することになっている。日本側の度重なる要請にもかかわらず、韓国側はいずれの要請も事実上「放置」した。

「とにかく話し合いましょう」と日本側は繰り返し呼びかけたので、韓国側の「放置」に対する日本社会の受け止めは甘くなかった。同年7月19日に韓国側の「義務の不履行」を非難する外相談話を日本側が発表した頃、ネット上の書き込みや居酒屋でのサラリーマンの会話には、「してやられた感」に満ちた嫌韓感情を吐露するものが多かった。中年男性が読者層の夕刊紙や週刊誌には、「韓国自滅」(『夕刊フジ』2019年7月19日付)、「韓国なんて要らない」(『週刊ポスト』２０１９年9月13日号）といった大見出しが躍った。

　俎上に載ったのは、徴用工問題だけではない。済州島で開かれた国際観艦式で韓国側が自衛艦旗である旭日旗を掲揚しないよう日本側へ要請したこと（２０１８年10月）、２０１５年の元慰安婦をめぐる日韓合意によってできた財団に対する文在寅《ムンジェイン》政権による一方的な解散発表（同11月）、韓国海軍が自衛隊機へレーダーを照射した事件（同12月）、慰安婦問題で天皇陛下の謝罪が望ましいとした文喜相《ムンヒサン》国会議長（当時）の発言（２０１９年2月）……などなど。毎月のように日韓間には葛藤が生じていたからだ。

　同年7月1日、日本政府は韓国を対象に半導体材料の輸出管理を強化する措置を発表した。安倍晋三総理（当時）は、「国際約束をほごにされた」、「日本もやるべき時はやると示すことは国際関係の中でも常識の範囲内だ」、「特別の優遇措置をやめ、普通の手続きに戻した」など と、テレビ朝日のニュース番組（同3日）のなかで、この措置が徴用工問題での対抗措置であることを匂わせた。韓国との関係を重視するある自民党議員（閣僚経験者）は、「選挙区で党の政策が褒められることは稀だが、この措置に関しては『よくやった』と歓迎する声が多く、驚いた」と、この頃、筆者に漏らしていた。

　こうした日本社会のムードは当時の世論調査にも現れていた。『日本経済新聞』（２０１９年

9月2日付）に掲載された同紙の世論調査（同年8月30日〜9月1日実施、n＝948）によると、同措置を支持する人は67％で、内閣支持層だけでは78％、不支持層でも60％に上った。世代別で見ても60歳以上が71％、40〜50歳代が70％、39歳以下は62％と、全世代で支持が6割を超えた。韓国との全般的な関係についても、「日本が譲歩するぐらいなら関係改善を急ぐ必要はない」とする人が67％に達し、内閣支持層だけで71％、不支持層でも63％と、関係改善の方向性も輸出管理強化措置と同様の傾向を見せた。

ただし、両質問ともに男女間では反応に差があった。同措置を支持したのは男性の78％に対し女性は53％だった。「関係改善を急ぐ必要はない」も男性が74％、女性が58％だった。男性のほうが「してやられた感」が強いということであろう。その後にあった、韓国に対する意識調査でも、こうした男女差が見られることが多い点は後述しよう。

「はばかられる感」〜韓国を「反日」と言うけれど

安倍政権による輸出管理強化措置に対しては、韓国社会で強烈な反発があった。輸出管理を簡略にする優遇対象国から韓国を外す政令改正（２０１９年8月2日）も加わって、同年夏は日本商品の不買運動、日本旅行のボイコットが、韓国の人々の間で予想以上に広がった。

写真1

「行きません」
「買いません」

2019年9月　ソウル市内で撮影

「殺人者　日本」と赤字で特筆大書し、安倍晋三氏の顔写真に「NO」と赤字で上塗りしたポスターを、2019年8月にソウル市内で多く目にした。都心のバス停留所前には、4枚まとめて貼ってあった（**写真1右**）。ポスターには、「独島、慰安婦、強制徴用、歴史の真実の隠蔽、卑劣な経済報復まで」と書かれ、「二度と日本には負けない」とも。

日本政府は、同年7月に半導体材料の韓国への輸出管理強化措置を、8月に「ホワイト国」と呼ばれてきた輸出管理上の最優遇国「グループA」から韓国を除外する政令改正を、それぞれ発表していた。当時、安倍政権はそれを否定したが、いずれも徴用工問題をめぐる韓国への対抗措置であり、報復であった。安倍氏自身が、総理退任後、「あえて二つの問題がリンクしているかのように示したのは、韓国に元徴用工の問題を深刻に受け止めてもらうためでした」(『安倍晋三回顧録』中央公論新社、2023年)と、これを認めている。

ポスターにある「卑劣な経済報復」とはこれを指し、「二度と日本には負けない」とは、安倍政権で「ホワイト国」から韓国を除外する閣議決定をした直後(8月2日)、文在寅大統領(当時)が発した談話のフレーズである。

このポスターは、同年9月封切りのドキュメンタリー映画『浮島号』のPRポスターであった。1945年8月24日、朝鮮半島に帰る人たちを乗せた旧日本海軍の輸送船「浮島丸」が舞鶴湾で沈没した事件を扱ったものである。安倍政権とは直接的な関係がない内容だ。同政権の一連の措置に対して、韓国社会は猛反発し、日本への反発で一色になっていったので、この社会ムードを反映したポスターを作ったのであろう。

そして、「NO」の文字が躍っていたのは、日本産品不買運動を実施するグループが「No Japan」や「Boycott Japan」を銘打って(**写真1左**)、日本製品を「買いません」、日本旅行へ「行きません」を呼びかけていたからだ。

ただ、韓国のことを「反日」と単純化して語られることがあるが、市民団体の運動家やメディアはともかく、一般の人たちはそれほど日本の一挙手一投足に関して関心があるわけではない。

徴用工問題なども、韓国のメディアはあまり大きく取り上げてきたわけでもなかったので、一部の人を除くと、それほど関心が強くなかった。それでも、この時は、日本の総理大臣自らが「日本もやるべき時はやる」とした、日本側からの事実上の報復措置であっただけに、日本への関心が一気に高まった。

しかも、歴史の問題だけであれば、日常生活を送るうえでの切実さがあまりない。ところが、経済報復なので、日常生活に直結するとの実感も生まれた。日本の「挑発」で韓国経済が脅かされると解釈するムードは、日本に「してやられた」という感情を拡散させた。

日本からの「してやられた感」を奇貨として、当時の文在寅政権はナショナリズムの高揚に利用した側面がある。徴用工問題での日本と紛争になるような状況に関して、韓国の保守陣営や財界の人たちからは、同政権に向けて、「韓国側の対日政策にも問題がある」という声が結構あった。政権内部でも焦りがあった。しかし、この日本側の措置により、同政権はうまく論点をすり替えることができた。

「加害者である日本が賊反荷杖（盗賊が逆らって棒を振り回す＝非がある者による開き直った行動の意味）で、かえって大声を上げる状況を決して座視しない。私たちは二度と日本に負けないだろう」（8月2日）、『過去を記憶しない国』日本という批判も日本政府自ら作っている」（同5日）などと、過去の歴史に絡めて、文在寅大統領自身がナショナリズムを刺激するような発言を繰り返した。同22日、日韓間の軍事情報包括保護協定（ＧＳＯＭＩＡ）を破棄する対抗措置まで発表した。

政府による扇動ムードもあって、市民団体が主導した日本製品不買に盛り上がりを見せるなか、韓国の人々から垣間見えたのは「はばかられる」という意識である。「日本製品を買うべきではない」というムードが広まってしまい、コンビニのレジで日本製の食べ物や飲み物を出しにくいという声を、当時、ソウルで多く耳にした。世論調査（２０１９年7月23~25日実施、n＝１００６）でも、日本産品の購入に関して、「はばかられる」が80％にも達し、「はばかられない」は15％に過ぎないという結果だった（『韓国ギャラップ・デイリーオピニオン』第３６４号、２０１９年7月26日）。

会計レジの前で、日本製品を出しにくい、買いにくいという感覚である。アサヒビールのスーパードライなど、日本製ビールの人気は韓国社会で長く定着してきた。日本のビールの輸出先として見た場合でも、韓国は国別の輸出実績では２０１８年まではトップであった。財務省の貿易統計によれば、２０１９年10月には輸出額がゼロになってしまった。

ファーストリテイリングのユニクロも、「はばかられる感」の直撃を受けた代表的ブランドである。レジで日本製を出すどころか、店に入る段階で「はばかられる感」が働く。「ユニクロ店舗を出入りする客の常時監視」といったメッセージも、SNSを騒がせた。SNSの発達は、不買運動を促進する効果を生んだだけでなく、ゲームのようにこの運動を楽しむかのような書き込みも多かった。

金融監督院の調べによれば、電子公示システムによるユニクロの韓国運営会社の売り上げは、2018年9月～19年8月が1兆3781億ウォンだったところ、2019年9月～20年8月は6298億ウォンに半減した。コロナ禍もあって、旗艦店であったソウルの明洞中央店は2021年1月末に閉店してしまった。ただし、2021年9月～22年8月は前年同期比21%増の7043億ウォンまで回復した。

2022年11月、コロナをめぐる日本側の水際規制緩和、韓国側の出国規制や帰国時のPCR検査義務の撤廃等の影響もあり、同月に日本を訪れた外国人の国籍別の順位は、韓国がトップ（31万5400人）で、2位の台湾（9万9500人）の3倍以上であった。日本旅行のボイコット運動があった2019年11月（20万5040人）と比べて、53・8%増であった（日本政府観光局調べ）。2019年当時は、「九州旅行をしたいが、人目を気にしてしまう」と筆者に訴える知人がいたが、それだけ「はばかられる感」が強かったのである。日本を訪れた外国人は2023年が2506万6100人、2024年が3686万9900人で、このうち韓国人が約4分の1を占め、2023年が695万8500人、2024年が881万7800人である。もはや当時の「はばかられる感」は払しょくされている。

2. 日韓対立を「放置」できる構造

構造的変化の背景と理由

それでは、なぜ韓国政府は徴用工問題をめぐる日本側からの協議呼びかけを「放置」したり、日本商品の不買運動や日本旅行のボイコットを事実上「扇動」したりできたのだろうか。当時の文在寅政権の性格に起因する部分もあるが、それだけではない。両国間で構造的な変化が起こっているからだ。

構造的な変化とは何か。主に、次の5点があると考えられる。①日韓間の各界パイプが先細りしていること、②インターネット社会が深化したこと、③韓国における日本の「重要性」が減退していること、④対外戦略の差（対中国、対北朝鮮政策）が露呈していること、⑤法実証主義的なメンタリティが主流である日本社会に対して、韓国では道徳志向的なメンタリティが高まっていること——である。

まずは、①の両国間の各界のパイプが先細りしている点を説明しよう。

たとえば、政界であれば、政治的な問題が発生した場合、2000年代初めまでは、両国の政治家が穏便に物事を解決しようとする動きが水面下で働いた。近年でも、日韓議員連盟（日本側）と韓日議員連盟（韓国側）所属の議員が打開を目指す接触を行うが、その層は以前ほど厚くない。

「日本と韓国は指導者が良い関係にあると、喧嘩の材料はいくらあっても、喧嘩の材料にならないんだな」——とは、両国間でフィクサーのような役割をした韓国人学者の崔書勉《チェソミョン》氏（1928~2020年）の言葉だ（小針進編『崔書勉と日韓の政官財学人脈——韓国知日派知識人のオーラルヒストリー』同時代社、2022年）。「終身駐日大使」「日韓外交の怪物」という異名をとった人物である。同氏によれば、70年代当時、韓国に実効支配されている竹島（韓国名：独島）の領有権を、総理だった福田赳夫氏が原則論として主張したところで、大騒ぎにはならなかったという。

冷戦下であり、軍事政権でもあった韓国側が問題視しなかったということもあるが、かつては、それだけ相手国との太いパイプを持つ有力政治家が多かったということでもある。

韓国側に流暢な日本語を話す政治家がおり、日本語で意思疎通できた点も大きかった。いまや、日本語が堪能であるとか、日本のことを特に知っている議員が韓国側に多いわけではない。民間の各業界でも、政界と同様に、韓国側に日本通や知日派の人が減少している。韓国人に日本語の話者が多かったのは、かつての植民地支配が背景にあり、負の歴史を背負った結果でもある。それでも、コミュニケーションのツールとしての言語が、戦後の両国関係で潤滑油となってきたことは否定できない。

そして、②のインターネット社会が深化したことは、日韓関係にも大きな変化をもたらした。インターネット空間では、日本人によると思われるものでも、韓国人によると思われるものでも、日韓関係に関する書き込みが無数にある。それは、専門家というよりも、一般の人々によるものが主流で、どちらかといえば、相手国への厳しい指摘や主張が多い。為政者や政策決定者も、無視できないのがネット世論だ。

かつては、為政者や政策決定者が外交政策を策定する際、どの程度、一般の人々の意見を意識していたかは疑問だ。とくに、軍事政権だった韓国では、権威主義体制がそれを打ち消した。そもそも、日本であれ、韓国であれ、ネット世論は存在しなかった。

神戸大学教授の木村幹氏は、著書（『日韓歴史認識問題とは何か』ミネルヴァ書房、2014年）で「1980年代以降の日韓歴史認識問題の展開過程は、韓国における日本の圧倒的重要性を基礎とした両国エリート間の暗黙の了解が、国際環境の変化と世代交代により崩れていく過程に他ならなかった。こうして日韓関係はエリートによってコントロールされる時代から、一般の人々を中心とする世論が直接ぶつかり合う事態へと移行した」と指摘する。

つまり、民主化の進展はもちろんだが、インターネットの発達が、両国の外交エリート間による「落としどころ」を探ろうとする動きを崩壊させた一因となっていよう。

日韓関係が中央政府間だけでなく、地方自治体間や市民社会間を含めた展開になっている「多層化・多様化」、かつての韓国社会から日本への関心に加えて、日本社会から韓国への関心も強まった「双方向化」といった変容（木宮正史『日韓関係史』岩波新書、2021年）も、インターネット社会が促進させたと言ってよい。

ヘイトスピーチが顕在化するようになったのも、日本社会の大きな変化だ。インターネットを駆使して、在日コリアンへの誹謗中傷を繰り返す人々をルポした『ネットと愛国』（第34回講談社ノンフィクション賞受賞作）を、ジャーナリストの安田浩一氏が出版したのが2012年であり、「ヘイトスピーチ」が「ユーキャン新語・流行語大賞」のトップテンに選ばれたのが2013年であった。

ヘイトスピーチまではいかずとも、「嫌韓」言説が「2ちゃんねる」や個人ブログに見られるようになったのは、2000年代の前半からだ（『マンガ嫌韓流』の発刊は2005年）。これらには、韓国メディアの日本語電子版（2001年1月の朝鮮日報を皮切りに、中央日報、東亜日報、聯合ニュース、ハンギョレ新聞などが続々と開設）からのコピー・アンド・ペーストされた、荒唐無稽な日本論や韓国社会の「異常さ」を感じさせる記事への批判が多い。インターネット社会が、「嫌韓」言説を加熱させたと言ってよい。

日本が「圧倒的重要」でなくなった韓国

③は、先に引用した「日本の圧倒的重要性」という木村氏の著書の言葉にあるように、韓国を取り巻く経済や外交にとって、日本の位置付けや役割が減退しているという意味である。言い換えると、国力の差が縮まっていることが非常に大きいのだ。

たとえば、韓国の対外貿易における日本の位置付けをたどるとわかりやすい。ソウル五輪があった1988年と、東京五輪があった2021年で比較してみよう。韓国貿易協会の統計によれば、韓国貿易にとって、ドルベースでの日本の順位（カッコ内は占有率）は、1988年が輸入総額で第1位（30・7％）、輸出総額で米国（35・3％）に次ぐ第2位（19・8％）であったのに、2021年が輸入総額で第3位（8・8％）、輸出総額で第5位（4・7％）にまでそれぞれ低下した。

ちなみに、2021年の場合、輸出入総額ともに20％台を占める中国がトップである。1991年からの30年間、韓国の対中輸出額は162・4倍に急増した一方で、対米輸出額は5・2倍、対日輸出額は2・4倍の増加に過ぎなかった（聯合ニュース2022年8月23日）。韓国の対外貿易における存在感で、日本は中国に完全に圧倒されている。

その一方で、日本の対外貿易にとっての韓国の位置付けにはあまり変化がないことを、多くの経済研究者が指摘している。2000年以降、日本の輸入総額に占める韓国のシェアはほぼ4％台で、輸出総額のそれは6～7％台である（安倍誠編『日韓経済関係の過去と現在』アジア経済研究所、2019年）。

つまり、少なくとも経済面では、日本にとっての韓国の存在や位置付けはそれほど変化していないのに、韓国にとっての日本はその圧倒的な存在感が大きく減退した点が見て取れるのである。

これは、外交面でも言えることである。各種世論調査で、「朝鮮半島の平和のためにどの国との関係が最も重要か」を問うと、圧倒的に米中両国を選ぶ人が多く、日本はごく少数である。たとえば、韓国ギャラップの世論調査（２０１９年11月19～21日調査、ｎ＝１００１）によれば、米国と思う人は62％、中国は19％だったが、日本はわずか６％であった。かつて日韓両政府は、冷戦構造の中、国際社会で共に行動することが多かった。例えば、旧ソ連による大韓航空機撃墜事件（１９８３年）という衝撃的な事件があった際、サハリン沖で民間の旅客機がソ連軍のミサイルで撃ち落とされ、韓国人、日本人など乗員・乗客２６９名が亡くなった際、日韓の当局者間で緊密に情報交換した。

しかし、文在寅政権下では北朝鮮と連携することによる平和構築を優先する立場が強調され、日韓間に共通の利益を感じられない韓国人が増えたと言ってよい。他方、日本にとって安全保障上の理由から韓国の重要性は変わらない。朝鮮半島の南に、北朝鮮や中国の影響力が強い政権がくるのは、日本の安全保障にとっては非常に重大な問題になるからである。朝鮮半島の南が米国の影響力のある国だということは、日本にとって重要だと認識され続けている。

この点は、④で挙げた対外戦略の差に直結する。文在寅政権の次に登場した尹錫悦政権は、「私たちと普遍的価値を共有し、安保と経済、そしてグローバルアジェンダで協力するパートナー」（２０２３年３月１日の大統領演説）と、日本を位置付ける立場を示した。政権によって戦略は異なってくる。尹錫悦政権は「自由・平和・繁栄のインド太平洋戦略」と題した外交・安全保障の基本方針を２０２２年12月に発表した。ここには、米韓同盟と日米韓の経済・安保協力の強化が強調されているが、中国を「インド太平洋地域の繁栄と平和を達成するにあたる主な協力国家」と呼んだ（「尹錫悦政府の『自由・平和・繁栄のインド太平洋戦略』最終報告書発表」、大統領室、２０２２年12月28日）。

大統領室幹部は「中国は引っ越しすることはできない私たちの隣国。中国との協力を拒否するということは、現実と非常に距離がある話だ」と、「協力国家」という表現を使った背景を説明した。前述したように、韓国にとっての貿易面での中国の存在感は圧倒的であり、北朝鮮への影響力がある中国の存在は、日本にとっての中国とは異なるわけで、対外戦略には差が出てくる。

北朝鮮に対する認識も複雑だ。２０２３年２月に発刊された『国防白書（２０２２年版）』には「北朝鮮政権と北朝鮮軍はわれわれの敵」と書かれている。その一方で、韓国には北朝鮮と関係する施策を主管する統一部という官庁がある。同部が２０２２年11月に発刊した冊子『非核・平和・繁栄の韓半島――尹錫悦政府の統一・対北政策』によれば、北朝鮮は「互恵的な南北関係の発展」を進めて、「平和的統一基盤の構築」をしなければならない相手である。

第3章でも述べるが、２０２３年12月、北朝鮮の金正恩《キムジョンウン》総書記は、南北関係を「同族関係、同質関係ではない敵対的な2つの国家関係」と、韓国を「第一の敵対国、不変の主敵」と位置付ける政策転換を行った。つまり、「統一」を志向しないと言い出したのだ。

それでも、韓国側は、尹錫悦大統領も、対北朝鮮政策を管轄する統一部の金暎浩《キムヨンホ》長官も、金正恩氏の主張に動じない姿勢を示した。つまり、韓国にとって北朝鮮は軍事的には主敵であるが、いつか統一しなければならない対象なのである。

道徳的志向と法実証主義

次に、⑤で言及した道徳志向的なメンタリティとは何か。「道徳的志向」という言葉で韓国社会を論じ始めたのは、京都大学教授小倉紀蔵氏である。韓国人は、人々のすべての言動を道徳に還元して評価するという意味であって、韓国人がいつも道徳的に生きているという意味ではない（小倉紀蔵『韓国は一個の哲学である――〈理〉と〈気〉の社会システム――』講談社学術文庫、２０１１年）。

「道徳的優位性」と言ってもよいが、小倉氏はその淵源を李朝時代に思想が一色となった朱子学にあるとしている。そして、日本社会との比較で、次のように論じる。「韓国は王朝的（儒教的）伝統によって道徳がもっとも重要だったのだといえるし、日本では封建的（非儒教的）伝統によって法が最も重要視されたのだといえるかもしれない。このことを裏打ちする事実として、韓国社会では反道徳的行為への生理的嫌悪感がもっとも強いのに対して、日本社会では反遵法的行為への生理的嫌悪感がもっとも強いということが挙げられうるであろう」（小倉紀蔵『韓国の行動原理』ＰＨＰ新書、２０２１年）。

現代を論じるのに、どうして「道徳志向性」を持ち出すのか。なぜならば、王朝的伝統にルーツがある道徳志向性は、衰えるどころか、近年、むしろ強まっているようにも感じられるからだ。文在寅政権下での日本との外交対立ではそれが垣間見え、日本との摩擦が拡大した。たとえば、徴用工問題である。

２０１８年10月30日、韓国の大法院（最高裁判所）は、元徴用工訴訟で日本企業に対して、賠償命令を下した。法実証主義的な傾向が強い日本社会には、韓国の動向への強い違和感が広がった。日韓間では国交正常化の交渉当時、両国間の協定や条約によって、同問題には結着をつけていたからである。たしかに、韓国側の対日請求要綱8項目には同問題での賠償項目が当初は入っていた。結局、「財産及び請求権に関する問題の解決並びに経済協力に関する日本国と大韓民国との間の協定についての合意された議事録」（１９６５年）を見ると、8項目に関して「いかなる主張もなしえないこととなることが確認された」となった。徴用工問題だけでなく、慰安婦問題をめぐる日韓合意（２０１５年12月）も、文在寅政権下で事実上、反故にされていた。

両国が合意していた「約束そのもの」よりも、合意で清算されなかった元徴用工や元慰安婦などへの「なされるべき救済そのもの」が優先されるという発想が、道徳志向的な考え方といってよいだろう。しかも、合意当時の為政者の決め方が不道徳でもあればなおさらである。

駐日韓国大使を務めた元外交官の申珏秀《シンガクス》氏は日本の雑誌で、「関係悪化の原因として、韓国と日本の間で『法と正義』の観念が違うことが挙げられる。日本は法に対してはまずは守るべきだという認識が強いのに対して、韓国では正義に反する法は守っていなくてもいいという考え方があり、そこにカルチャーギャップがある」と指摘する（『エコノミスト』２０１９年９月３日号）。

当為主義と機能主義

ただし、「道徳と法のあいだに緊張関係がないのではない。むしろ強い緊張関係がある。法は軽いがゆえに破られるのではなく、道徳的志向性（道徳性ではない）が強いゆえに破られるのである。『日本と違って韓国の民主主義は法を軽視するのでレベルが低い』と単純に考えるのは危険だ」(『韓国の行動原理』)と、小倉氏は釘を刺す。これはどういう意味か。実は日本でも、法か、道徳かという問題が、社会でたびたび発生するので、わかりやすい例を示そう。

2019年10月に発生した台風は、関東甲信越地方や静岡県を中心に広い範囲で記録的な大雨となった。当時、断水が発生した神奈川県山北町では、災害派遣要請に備えて陸上自衛隊の給水車が到着したにもかかわらず、神奈川県の主張で給水車が引き返す出来事があった。自衛隊の出動は市町村レベルではなく、県庁(知事)から要請するのが規則なのに、その給水車は山北町からの連絡で出動したことが判明し、神奈川県が撤収を主張したのだった。断水の危機を感じた町役場は、規則(法)としては、神奈川県庁へ一報を入れるべきだったが、あらかじめ自衛隊へ「給水車をお願いすることになる」と連絡していた。すでに自衛隊の給水車が10月13日朝の8時には着き、すでに水を求める住民もいた。ところが、県庁側は「県が給水車を送る。正式には頼んでもいない自衛隊車を受け入れるな」と町へ主張して、自衛隊車は引き返したというわけだ。結局、県庁からの給水車が後から来たのは、お昼の12時過ぎだった。当時、山北町の湯川裕司町長は「ルールは分かるが、待っているよりも、救いたい人に一歩でも近づきたいという判断は当然」と述べた(『神奈川新聞』電子版2019年10月16日付)。

こうしたことは、韓国では起きにくいだろう。なぜならば、給水車出動要請の公式ルールは軽いわけではないが、それを破ってでも、「救いたい人に一歩でも近づく」という道徳的志向性のほうが優先されるべきだからである。

日本でこのようなことが発生するのは、形式主義（機能主義）が強いからである。ロー・ダニエル氏（韓国の国際政治経済学者）は、『「地政心理」で語る半島と列島』（藤原書店、2017年）という名著で、日本社会を機能主義（形式主義）、韓国社会を当為主義というキーワードを用いて、両国を分析している。「日本の機能主義では社会制度の機能が大事であることに比べ、韓国の当為主義では、物事はそのものの当為性、義務、規範と言った『こうあるべきだ』（what ought to be）が重要である。こうした発想では、法律も各条文の『道具性』より、その条文が求める『精神性』が重視される。国家間の問題を裁く国際法において、日本の機能主義では『条約は守るべき』（pacta sunt servanda）というのが原則であるが、韓国の当為主義では、人類が求める規範が優先される『強硬規範』（juscogens）への関心が強い」というのだ。

この当為主義は、小倉氏が指摘する「道徳志向的」と言い換えることができよう。日本の機能主義と韓国の当為主義という「根本的な相違」は、地政学的要因（地理、風土、自然観）による「地政心理」にその根源があると、ロー・ダニエル氏は言う。

他方、ロー・ダニエル氏は「日韓関係に一番強力かつ持続的に影響を及ぼす感情体系は『当為論』であると思う」とし、日本政府や天皇の謝罪、元慰安婦や元徴用工への補償などで「謝罪／補償すべきだ」が前面に出て、「こういう主張が受け入れられる可能性がなくても、それを語ることで被害意識を癒し、道徳的優越感を感じるという側面もあるだろう」としている。「こうあるべきだ」、「こうでなければならない」という当為主義に基づく論は、朝鮮半島の南北分断状況に対しても適用される。朝鮮半島は「分断」されるべきでなく、「統一」されなければならないという南北関係への規範が生まれるのだ。

3．統計で見る両国国民の相手国への「眺め」

「眺め」とは

日本人が韓国や韓国人を、あるいは、韓国人が日本や日本人を、どう見ているか、どう思っているか、どう感じているか。つまり、本書の関心事である相互の認識や意識なのだが、その表現として「眺め」という用語を、ここでは使うことにする。

『広辞苑』で「眺め」を引くと、「見渡すこと。遠くのぞむこと。また、見渡したおもむき。眺望。けしき」という意味がある。日本人が列島から半島を、韓国人が半島から列島を、それぞれ遠くから見渡し、そのおもむきはどうなのか。たとえば、多くの日本人は、韓国で起こっていることを凝視して見つめているわけでないが、報道や伝聞によって、何とはなしに見渡しており、何らかの考えを持つ。

「眺め」は、東京都立大学名誉教授の鄭大均《ていたいきん》氏が、日韓間の相互意識を論じる際に使ってきた。たとえば、次のような文脈だ。

多くの日本人には韓国人が今なお日本を怨嗟の目で見つめているかのような思いがある。しかし解放後の韓国においては、隣国に対する愛よりは憎悪の表出の方が容易であったのは事実であるが、このことはもう一つの感情や態度の存在を否定するものではない。本書は韓国人の日本に対する否定的な「眺め」や肯定的な「眺め」が韓国人の心の中にどのように共存し、どのように変化しているのかを多様な引用とともに明らかにしようとするものである。

これは、1998年に出版された『日本（イルボン）のイメージ』（中公新書）に掲載されているイントロダクションである。同書は、豊富な引用文献から韓国人の日本への「眺め」を分析したもので、第12回大平正芳記念賞（1996年）を受賞した『韓国のイメージ　戦後日本人の隣国観』（中公新書、1995年。増補版は2010年）の姉妹編だ。いずれも、日韓間の相互意識を分析するうえで必須の文献だが、残念ながら絶版になっている。鄭大均氏は、相互の「眺め」を「眺め合い」とも表現する。日本と韓国の表裏一体性を論じ、話題となった同氏の著書（『日韓のパラレリズム　新しい「眺め」合いは可能か』三交社、1992年）のサブタイトルには、これが使われている。

その「眺め」合いをめぐって、近年の日本と韓国を端的に著した一文がある。「日本に『韓国疲れ』という言葉があるように、韓国には『日本疲れ』という言葉がある。歴史問題について日本は『韓国はいつまでも文句を言う』と感じているが、韓国は『いつになっても日本は謝らない』と思っている。それでも、決して日韓は断交したらいいなどとは思ってはいない」というものだ。これは『AERA』（2019年3月4日号）の「北朝鮮で頭がいっぱい　関係悪化の日本に対する韓国人の感情」という記事のなかで引用されていた、東京の大手情報通信会社で働く韓国人男性（当時37歳）の話である。

うんざり感がある一方で、切っても切れない関係であることも認識しているという「眺め」合いが、近年、ずっと続いてきた。

内閣府「外交に関する世論調査」は貴重な定点観測

韓国に限らず、諸外国に対する日本人が持つ「眺め」の変化がわかる一級の資料がある。それは、内閣府による「外交に関する世論調査」であり、旧総理府時代の1978年から実施されている一級の定点観測だと言ってよい。毎年、設問内容とその結果が公開されており、歴年の状況を同府のホームページで簡単に閲覧できる。

対象となる国・地域、調査項目に関しては、年によって若干の変動はあるが、2022年調査の場合、米国、ロシア、中国、韓国、オーストラリア、中東、アフリカ、中南米の8カ国・地域に対する「親しみ」を問い、前半の5カ国については、現在の日本との関係が「良好だ」と思うか、今後の日本との関係発展が「重要だ」と思うかを問うている。北朝鮮問題への関心事に関する質問もある。

2025年2月に公開された2024年の調査結果（2023年10月17日～11月24日実施、n＝1734）によれば、韓国に対して「親しみを感じる」と回答した人は56・3％（「親しみを感じる」14・1%と「どちらかというと親しみを感じる」42・2%の合計）であった。

調査方式（コロナ禍前の2019年以前は個別面接聴取法、2020年以降は郵送法）が異なるので、単純比較はできないものの、**図1**のように政治・外交関係の対立が顕著化した2019年（26・7%）と比べて倍増した。「親しみを感じる」が「親しみを感じない」を上回ったのは、2011年調査以来であった。

日韓関係に対する認識も改善した。「良好だと思う」と「まあ良好だと思う」の合計は51・2%（前年比5・1ポイント増）、「重要だと思う」と「まあ重要だと思う」の合計は74%（前年比0・9ポイント増）であった。

この調査における米国、中国、ロシアに対する認識と比較したものが、40頁の**図2**である。日本人の親米と対米重視は相変わらずだが、根強い「嫌韓」の風潮も存在しているとはいえ、韓国に対しては、「親しみ」が中国やロシアに対する度合いに比べると、ずっと高い。41頁の**表1**は、2023年調査での韓国に対して「親しみを感じる」と「どちらかというと親しみを感じる」とした人の世代別・性別の比率合計である。18〜29歳は6割を超えている。また、性別では男性47・2%に対して、女性は58・1%と過半数を超えている。K-POPや韓国ド

図1　日本人の韓国に「親しみを感じる」と「親しみを感じない」の推移
（内閣府調査、2010-2024年）

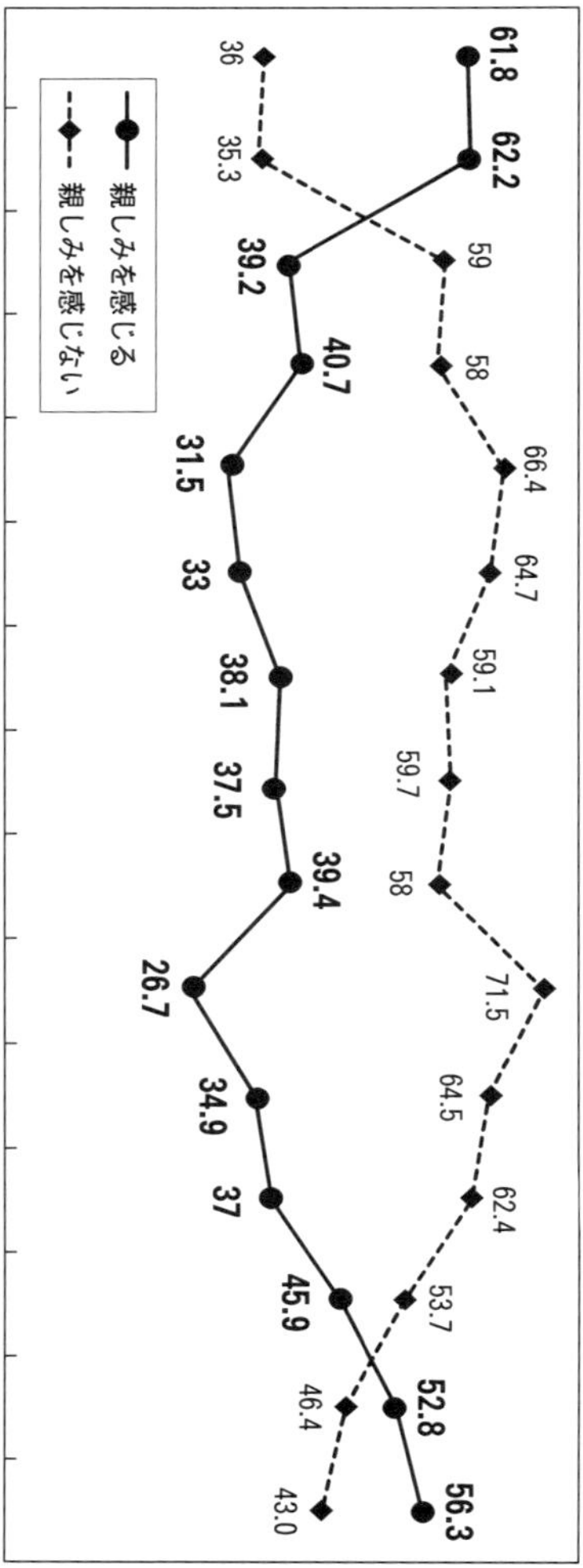

出所：内閣府大臣官房政府広報室「外交に関する世論調査」各年版より作成

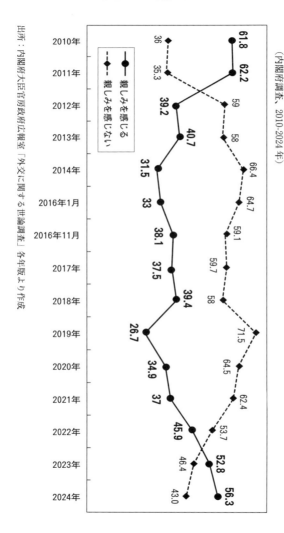

図 2　周辺国に対する認識

外交に関する世論調査（内閣府、2024 年 10 月 17 日～ 11 月 24 日調査、n＝1,734）

※各国に対して、上から「関係が重要だ」「関係が良好だ」「親しみがある」とした人の比率（全体）

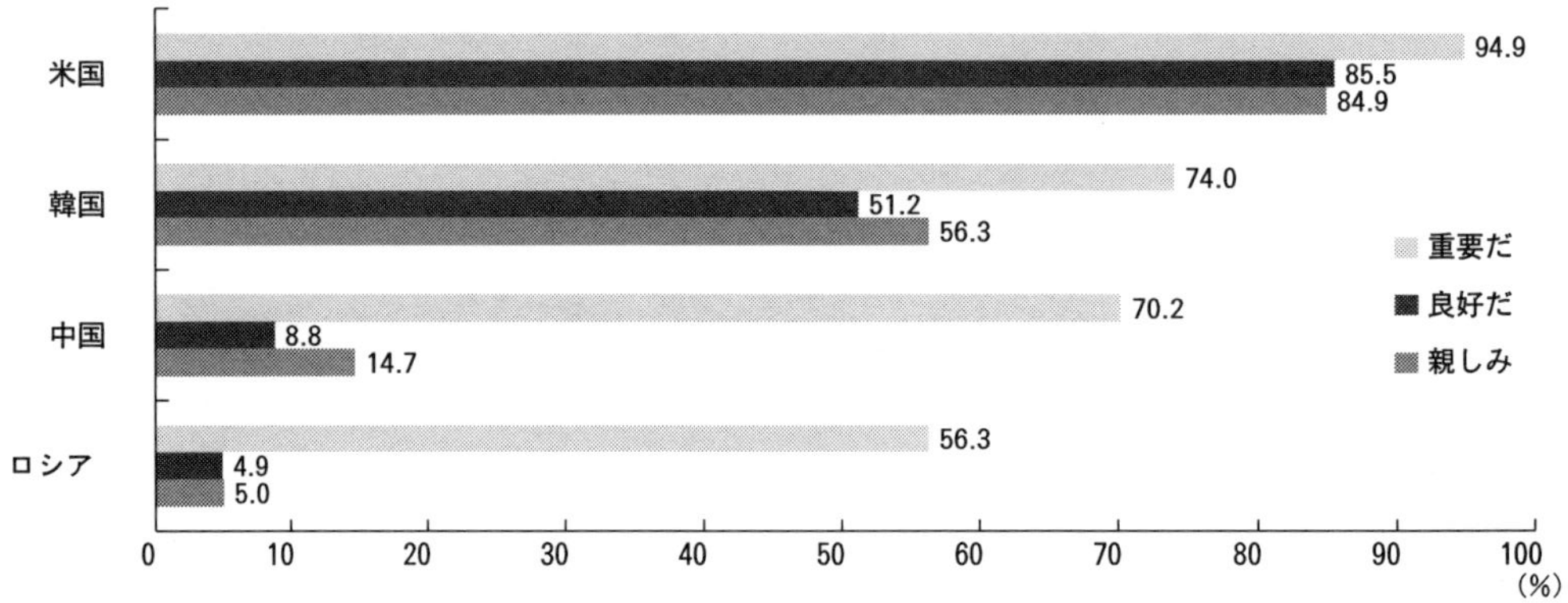

注：「重要だ」はそれぞれの国との関係の発展が「重要だと思う」「まあ重要だと思う」の合計、「良好だ」はそれぞれの国との関係は全体として「良好だと思う」「まあ良好だと思う」の合計、それぞれの国に対して「親しみを感じる」「どちらかというと親しみを感じる」の合計である。

出所：「外交に関する世論調査（令和 6 年 10 月調査）」、内閣府ホームページ、2025 年 2 月 14 日より作成

ラマの受容層の中心が、若年層や女性であることを考えると、韓流の影響が類推される。特に、20代の女性は4人に3人が韓国へ親近感を抱いているわけだ。

ただし、「外交に関する世論調査」に表われる変化は、**図1**の韓国に対する「親しみ」の推移のように、対象国との政治・外交関係の出来事がより大きく作用するものと思われる。2012年に前年よりも20ポイント以上も急落して39・2%となったのは、同年8月の李明博《イミョンバク》大統領（当時）による竹島上陸が主要因と見られ、2019年に前年比で10ポイント以上も下落したのも、文在寅政権の徴用工問題への姿勢と日本の対韓輸出管理措置による外交摩擦が原因であることが自明であった。

図2で見たように、伝統的に低いロシアへの「親しみ」が4・1%とたった1ケタであるのは、2022

表1　世代別・性別　韓国に対する「親しみ」の割合　（%）
外交に関する世論調査（内閣府、2023年9月7日～10月15日調査、n＝1,649）

	全体 52.8	男性 47.2	女性 58.1
18～29歳	66.2	55.7	74.1
うち20～	66.1	51.9	76.4
30～39歳	52.6	41.1	62.7
40～49歳	49.6	43.6	56.5
50～59歳	50.5	39.7	60.8
60～69歳	49.3	47.9	50.6
70歳以上	54.3	53.8	54.7

出所：図2に同じ

年2月に開戦となったウクライナ侵攻という政治・外交的な要因が大きいと推察される。2021年9月に実施された調査では13・1%だったので、それが3分の1となった。同様に、日本との関係改善を企図する尹錫悦政権の外交スタンスも、対日認識に影響を与えたであろう。

日本人の韓国に対する「親しみ」に関して、先の**図1**では2010年から2023年の推移を見たが、1996年から2016年の推移を示したものが**図3**である。最も高かったのは2009年の63・1%である。金大中政権が発足した1998年からほぼ継続して高まり、同政権下で行われた日韓共催サッカーワールドカップ（2002年）を経て、盧武鉉《ノムヒョン》政権下の2004年に56・7%に達した。同政権下で竹島問題などをめぐって日韓間の外交関係がギクシャクした2005~06年は落ち込んだが、それでも50%前後であった。

前述したように、2012年は李明博氏の竹島上陸で39・2%に急落し、それ以降も2013年に大統領に就任した朴槿恵《パククネ》氏の外交姿勢も日本へ厳しく、文在寅政権でも同様だったため、「親しみを感じる」よりも、「感じない」が近年では多数派となった。大衆文化交流ではなく、政治外交の悪化が大きく影響しているものと考えられる。

ちょうど10年の間隔となる2009年と2019年は、韓国に対する「親しみ」がそれぞれ最高値と最低値となった。他の国・地域に対する「親しみ」を含めて両年で比較したものが

図3　日本人の韓国に「親しみを感じる」と「親しみを感じない」の推移
（内閣府調査、1996-2016年）

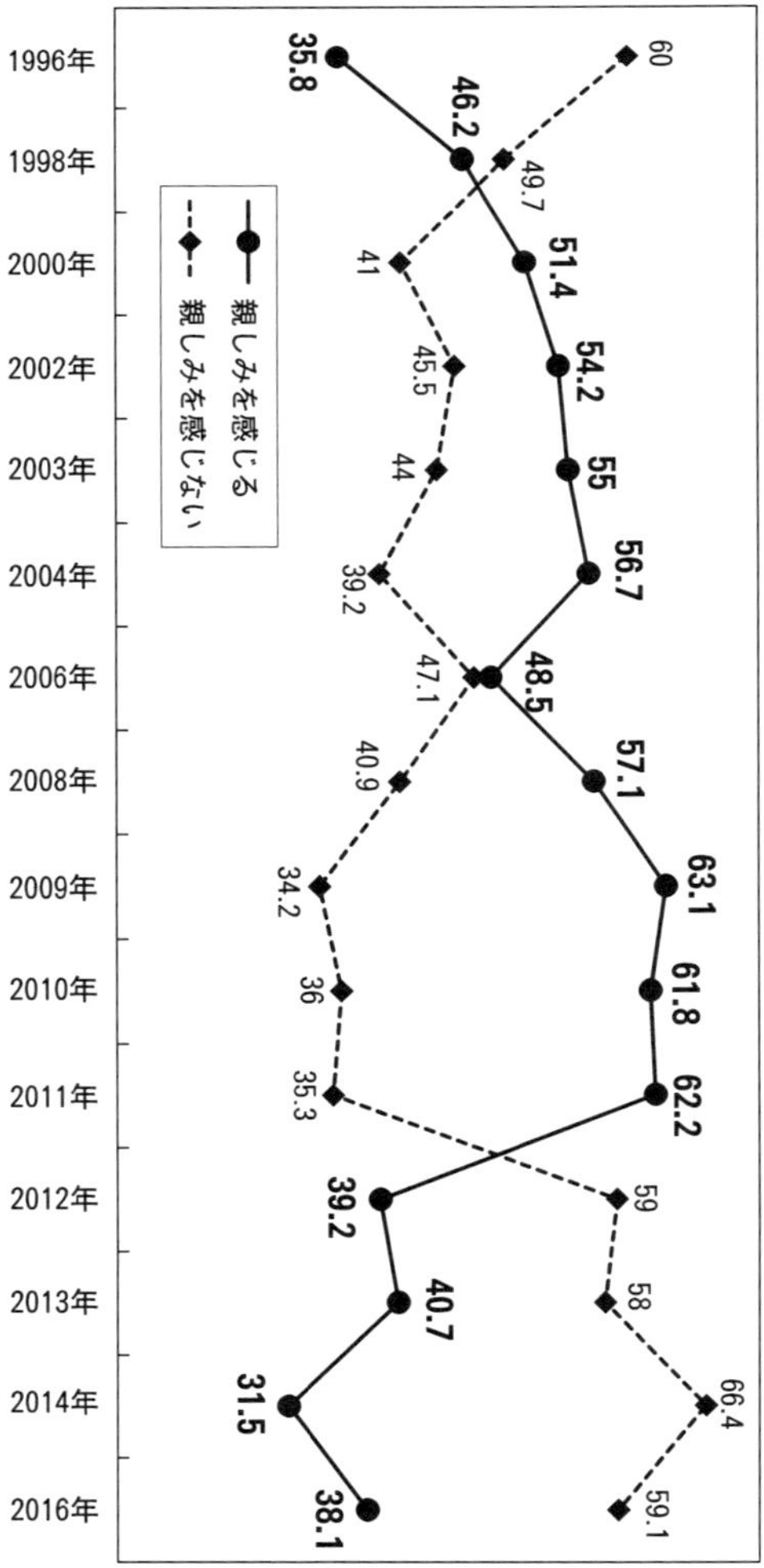

出所：図1に同じ

図4である（この時は、インドや西欧に対する「眺め」も調査項目に入っていた）。日本人の米国に対する感情は、７８・９％と７８・７％でほとんど変わらず、６３・１％から２６・７％へと半減した韓国に対する感情とは対照的である。２０１９年の中国やロシアに対する感情よりもマシだが、10年の間の減少幅が最も激しかったのが、対韓感情であることがわかる。さらに、**図2**で示した２０２３年の米韓中ロへの感情をあわせて考えると、２０１９年と比べて最も上昇幅が激しかったのも、対韓感情なのである。

嫌韓と韓流

２０１２年以降の日本人の韓国に対する「眺め」が厳しくなっていくことは、「外交に関する世論調査」で表われた数値からだけでなく、人々の言動からなどからも

図 4　国別「親しみを感じる」の割合（上段：2009 年、下段：2019 年）
内閣府「外交に関する世論調査」

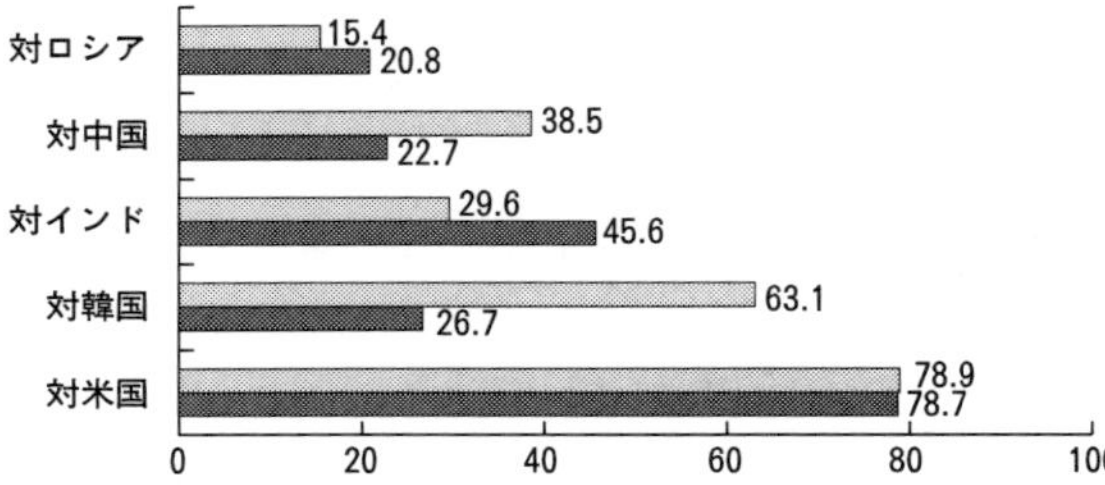

出所：内閣府大臣官房政府広報室「外交に関する世論調査」2009 年版と 2019 年版より作成

皮膚で感じることが多くなった。ネット空間、本屋で平積みされる嫌韓本、居酒屋での中高年男性の会話だけでなく、公人の発言でも見られた。

韓国が嫌うべき相手としての代名詞として使われた公人の発言として、次のような例がある。2019年5月、九州新幹線長崎ルート新鳥栖－武雄温泉間のフル規格による建設をめぐって、当時、同建設に反発していた佐賀県の山口祥義知事について、自民党の谷川弥一衆院議員（当時、長崎3区）が、「韓国か北朝鮮を相手にしている気分だ」などと発言して物議を醸した。この発言の3日後には釈明した谷川氏は、「とりつく島のない佐賀県の対応が、日本との関係がぎくしゃくしている韓国のように感じ、その場で山口知事に伝えた」と言い、「配慮を欠いた発言だった。佐賀県民におわびしたい」と述べた（『佐賀新聞』電子版2019年5月22日付）。

日常的に、韓国が否定的な捉え方をされているということが伺える。さらに言えば、発言者が「配慮を欠いた」と謝罪した対象が、否定的な代名詞となった韓国ではなく、韓国と同一視された佐賀県民であった点も、特徴的なことである。

なお、谷川氏は議員在職時は自民党の安倍派（当時）に属し、政治資金パーティー問題で2024年1月に辞職届を出した人物である。裏金に関して追及する記者に対して、「頭悪いね」と発言して物議を醸し、この際も謝罪に追い込まれている。

他方、否定的な代名詞として韓国の存在があっても、もう一つの韓国への「眺め」も小さいものではなかった。たとえば、『毎日新聞』（2019年2月24日付）に掲載された東京都の整体師（当時52歳）が書いた、次のような新聞投書がそれを物語る。

「看護師の妻は、韓流ドラマの大ファンだ。夜勤明けで帰宅しても寝ずに韓国ドラマを一日中見ている。数年前には、韓国ドラマゆかりの地を巡るツアーにも参加した。娘は今、中学生だが、クラスの女子のほとんどがK-POPのファンだという。高校はダンス部のある学校に進学したいという。毎日のようにダンスの練習をしている。私を含め、私の家族は、韓国が大好きだ」と韓国に対する思いを説明したうえで、「それだけに最近の日韓両国の政治家の大人げないやり取りには沈痛な思いになる。政治家たちは、それこそ未来志向で、もう少し大人の対応をとってほしいと思う」と、政界へ苦言を呈している。

韓国ドラマを楽しむ妻とK-POPファンの娘がこの投書には登場するが、一般に韓流の受容層の核心が女性であることは想像がつく。**表1**で見たように、韓国に対して「親しみ」を感じる人の比率は、近年、男性よりも女性が高い。この投書があった2019年は男性22・3％、女性30・5％であり、2023年は男性47・2％、女性58・1％である。

「日本」は嫌でも「日本人」には好感

それでは、韓国から日本への「眺め」がわかる統計はあるのか。日本の「外交に関する世論調査」のように、定点観測的に官庁が実施するものはない。それに代わるものとして、韓国ギャラップが日本に対する好感度調査を、1991年から非定期的に行っている。

日本に対して「好感を持つ」か「好感を持たない」の二者択一で選択してもらう方式だ。1991年から2022年までの推移が次頁の**図5**である（2023年は実施されていない）。全体として、「好感を持つ」がおおむね2〜3割ぐらいの数値で継続し、東日本大震災があった2011年には「好感を持つ」が「好感を持たない」に近づき41％になった。これは被災した日本に対する同情や、被災地で助け合う人々の日本の様子などが、韓国のニュース映像で流れたことなども影響しているだろう。韓国メディアは扇情的、情緒的なところがあり、一つのおにぎりを分け合って被災者が食べたとか、偉大な市民精神といった報道も行った。ただし、2015年には17％に急減した。安倍政権が発足して初の調査であったことから、同政権の対韓姿勢とも関連があるだろう。

他方、同調査では「日本」と「日本人」を区別して、それぞれの「好感」を問うている。2022年の調査で、その結果をまとめたものが49頁の**表2**である。左側が「日本人」に対して

図5　韓国人の日本に対する好感度推移
（韓国ギャラップ調査、1991～2022年）

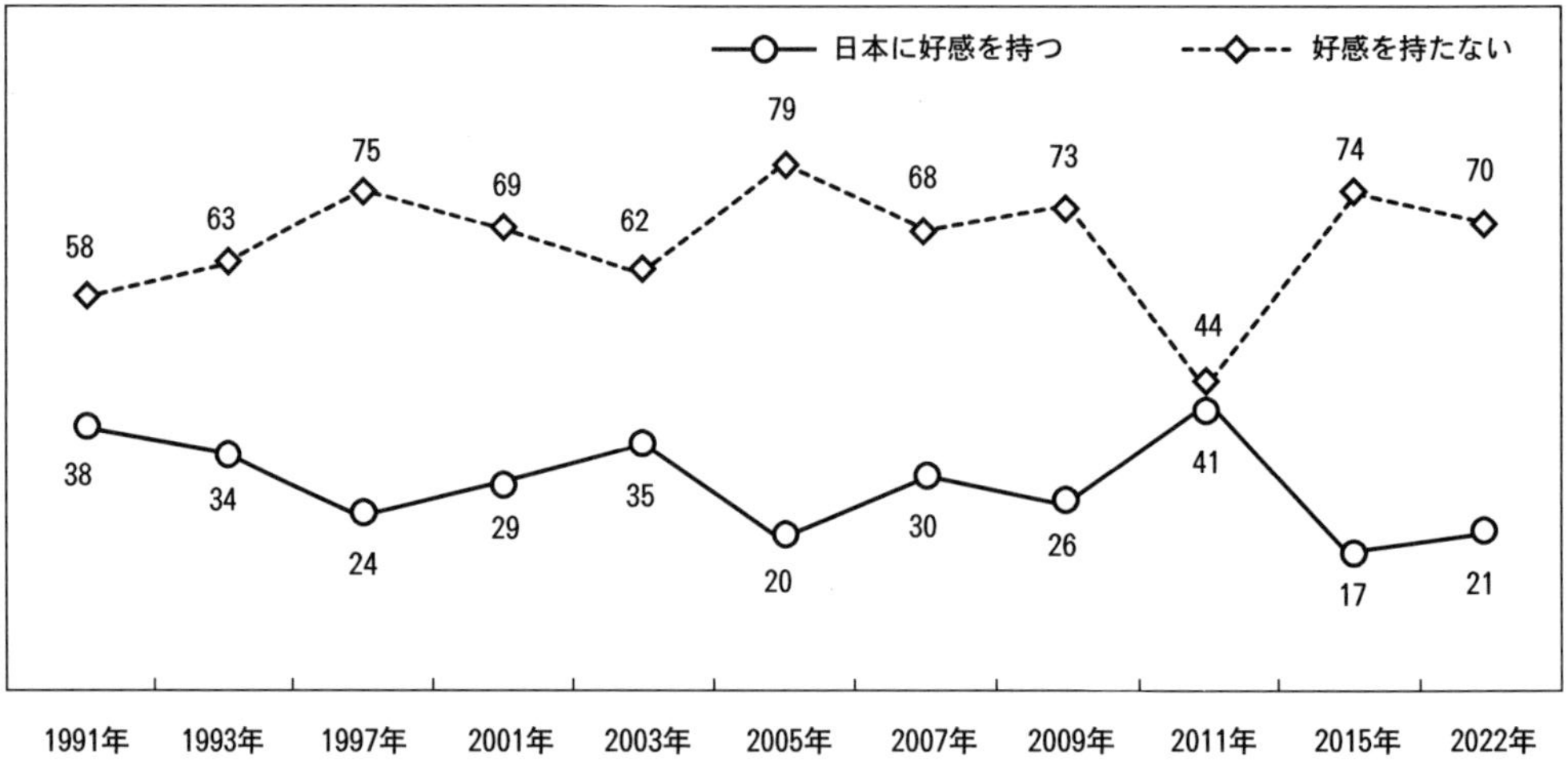

出所：韓国ギャラップ「韓日関係認識調査」2022年8月9～11日調査、n=1,000

「好感を持つ」と「好感を持たない」、右側が「日本」に対しての同様である。比較すると、両者にはかなり差が認められる。全体として「日本」に対しては21％しか「好感を持つ」としていないが、「日本人」に対しては、その倍以上の46％が「好感を持つ」としているのだ。

しかも、「日本人」に対して「好感を持たない」が38％なので、「好感を持つ」のほうが多数派だ。特に、18～29歳の若い人達のそれは62％にもなり、男性のそれも52％と過半数に達している。女性は男性よりも10ポイント以上低い40％である。韓国への肯定的な「眺め」をけん引しているのが、日本では女性であるのとは対照的な構図なのだ。

日本に対する韓国人の感情が、他の外国の人の対日観と比較できる統計もある。日本の公益財団

表 2　韓国人の日本人、日本に対する好感　（％）
（韓国ギャラップ調査、2022年 8 月）

	日本人に好感持つ	日本人に好感持たない	日本に好感持つ	日本に好感持たない
全体	46	38	21	70
男性	52	33	25	66
女性	40	44	18	74
18-29歳	62	24	34	53
30歳	48	31	20	69
40歳	49	36	15	76
50歳	41	43	19	77
60歳	39	47	19	73
70歳以上	35	52	22	69

出所：図 5 に同じ

法人新聞通信調査会が、2015年から実施している「諸外国における対日メディア世論調査」である。同調査は、韓国、米国、英国、フランス、中国、タイで行われており、このなかには、日本などの主要国に対する好感度を問う設問が含まれている。**表3**は、日本に対して「とても好感が持てる」と「やや好感が持てる」の割合を合計した結果を、2023年と2019年の各調査をまとめたものである。これによれば、韓国人の対日意識は、タイや欧米の人々に比べたら、肯定的ではないが、2019年は実施された中国の人々よりも、良好であるということになる。そして、2023年は2019年と比べて倍増していることもわかる。

この調査の初回以降（2015年〜）、韓国での数値結果の推移を記したものが**図6**である。「外交に関する世論調査」に表われた日本人の韓国への「眺め」の推移と同様

表3　日本に「好感が持てる」と答えた人の割合
（公益財団法人新聞通信調査会調査、2023年と2019年）

	2023年	2019年
タイ	91.1%	95.7%
米国	80.4%	82.6%
フランス	81.5%	74.9%
英国	71.1%	68.1%
韓国	44.0%	22.7%
中国	N.A.（調査不可）	33.5%

出所：公益財団法人新聞通信調査会調査（2020年2月7日発表、2024年2月17日発表）

に、日韓間の政治・外交関係の影響を受けていることが類推できる。２０１９年は前年比で９・３ポイント減の２２・７％と落ち込んだ。図にはないが、同年の他国での調査結果を調べると、タイ（９５・７％）、米国（８２・６％）、フランス（７４・９％）、英国（６８・１％）、中国（３３・５％）であったから、韓国が最低であった。これは、徴用工問題で対立し、日本が韓国への輸出管理強化に乗り出した年であり、韓国人の日本への「眺め」が非常に厳しい時期であった。

「温かさ」と「有能さ」をめぐる台湾の対日観との差

ところで、韓国メディアは日本に対して二面的な報道を行うことがある。歴史認識をめぐる問題

図６　韓国での調査で日本に「好感が持てる」と答えた人の割合の推移
（2015～2023年、新聞通信調査会）

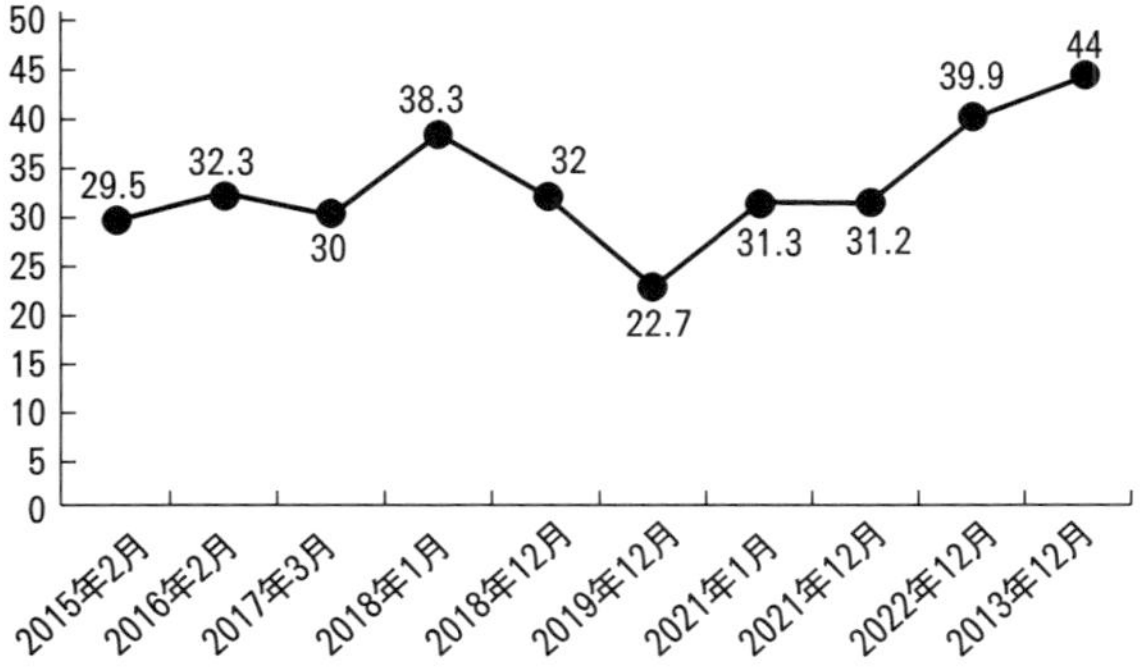

出所：公益財団法人新聞通信調査会調査（2024年２月17日発表）

では、日本国内から出る異論を「糾弾」する一方で、自国民の何らかの悪い点を他と比較する際、「日本人はこんなに立派にやっている」というような報道の仕方が少なくない。先に見たように、「日本」ではなく、「日本人」というワーディングで聞くと、「好感」を持っている人のほうが、そうでない人よりも多いのは、こうしたことも影響しているのだろう。もちろん韓国は「反日」が垣間見える社会だが、韓国メディアからさえも「反日本人」は感じない。中央日報と慶熙大学の共同調査（２０１５年、n＝３０６８）によれば、韓国人が「魅力と感じる市民」は①ドイツ、②日本、③スイス、④米国、⑤シンガポール、⑥英国、⑥フランスの順であった（『中央日報』２０１５年9月18日付）。「韓国社会＝反日本人」と単純化する図式は正しくないだろう。

この節では様々な意識調査の結果を紹介したが、世代により、あるいは質問紙のワーディングによってもかなり違ってくる。**表4**は、筆者らが２０１２年、韓国人に日米中に対する認識をいろいろな項目により聞いた調査の結果である（詳細は、石井健一・小針進・渡邉聡『日中韓の相互イメージとポピュラー文化～国家ブランディング政策の展開』明石書店、２０１９年を参照）。たとえば、「信頼できる」では、中国に対しては１・３％と極端に低く、アメリカに対しては４０・４％と高い。日本に対しては、「信頼できる」が１７・９％にとどまるものの、

「堅実な」と「誠実な」では、それぞれ51・7％、55％と高い。

日本に対して「温かい」が低い点も目立つ。人が対象に対してネガティブな評価（ステレオタイプ的な評価）をする際には、二つの異なる次元が関係しているという理論を、米国の社会心理学者スーザン・T・フィスクらが提案している。この理論によれば、ひとつは「温かさ」が欠けている（＝冷たい）という認知、もうひとつは「有能さ」が欠けている（＝無能である）という認知だそうだ。そうであるならば、韓国人にとって、日本を評価する際、「温かい」が低いことが、マイナスになっている可能性がある。

表4　韓国人の項目別の対外意識　（％）

※筑波大・静岡県立大の研究チームが、2012年11月19日から26日まで、20歳から59歳までの韓国人（n=240）を対象にした質問紙調査「国家別認識調査」を、韓国の世論調査専門機関に依頼して実施した結果の一部

	対中国	対日本	対米国
堅実な	13.8	51.7	58.8
励ましてくれる	18.3	5.8	46.3
信頼できる	1.3	17.9	40.4
魅力がある	24.6	26.7	62.9
頑健な	31.7	21.7	50.0
温かい	27.9	9.2	18.3
誠実な	9.6	55.0	36.7
親しみのある	13.3	15.4	33.3
伝統的な	47.5	43.3	10.4

出所：石井健一・小針進・渡邉聡「韓国と台湾における『日本』イメージの比較：国家ブランディング調査から」『東亜』第562号、2014年4月

筆者らによるこの調査は、韓国だけでなく、台湾でも実施した。そして、**表4**に示した性格や性質を表す9つだけでなく、25の語句を提示し、それぞれについて、日本を含む7つの国・地域あるいは、それらの国・地域の人がその語句にどの程度あてはまると思うかを、「非常にあてはまる」から「まったくあてはまらない」までの5段階（5点満点）で答えてもらった。そのなかでも特に、「温かい」、「親しみのある」、「憧れる」、「信頼できる」、「魅力がある」、「かっこいい」の6項目に対する評価の合計値を「温かさ」のイメージの得点とし、「有能な」、「成功した」、「上流の」、「誠実な」、「先進的な」、「想像力がある」の6項目に対する評価の合計値を「有能さ」のイメージの得点とすることにした。それぞれ、最低点が6点（1点×6項目）、最高点が30点（5点×6項目）で、得点が高いほどそれぞれのイメージが強く持たれて

図7　韓国と台湾における各国の「温かさ」と「有能さ」

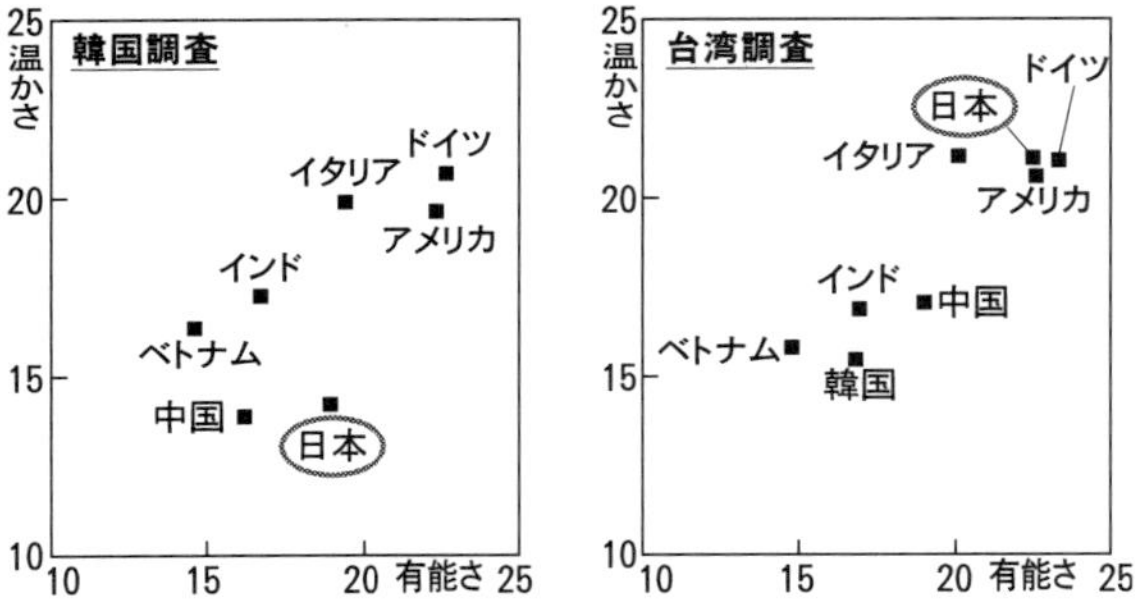

出所：表4に同じ

いることを意味する。

韓国人と台湾人が各国・各国人に対して持っているイメージの得点（平均点）を示したものが、**図7**である。日本以外の評価は似通っていることがわかる。つまり、韓国人は、日本を「有能さ」では中程度だが、「温かさ」が欠けていると見ており、台湾人は日本を「温かく」かつ「有能」と見ているのだ。

韓国と台湾は、日本に対する「眺め」に差があるのは容易に想像がつくが、「温かさ」を感じるかどうかが、決定的なところなのである。

4.「慰安婦合意」の事実上の破棄と徴用工問題が決定的

日本人の「眺め」の決定打となった「慰安婦合意」の不履行

「昨年の日韓関係は最悪だった。慰安婦問題に関する日韓合意の崩壊、徴用工判決、自衛隊機へのレーダー照射……。年が改まっても改善の兆しはなく、むしろ混迷を深めているように見える。『日韓融和派』を自任していた私ではあったが、今回ばかりは問題が起こる度に『いいかげんにしてくれ』という思いが頭をもたげる」――『朝日新聞』（2019年1月20日付）に載った茨城県の高校教員（当時53歳）の投書だ。

これは、先に紹介した「外交に関する世論調査」で韓国に対して「親しみ」を感じる人の割合が、最低値となった2019年に書かれたものである。冒頭でいう「慰安婦問題に関する日韓合意の崩壊」とは何か。

2015年12月に日韓両国の外相（日本側は岸田文雄氏）が発表した旧日本軍の従軍慰安婦問題に関する両国間の合意を、2018年11月、文在寅政権が事実上、白紙化したことを指す。同合意によって日本側が10億円を拠出し、元慰安婦支援のために設立された財団を、文在寅政権が日本側との合意なしに解散させたのだ。同合意は、財団の設立のほか、日本側が軍の関与を認め、当時の安倍晋三総理名で「おわびと反省の気持ち」を表明し、「問題の最終的かつ不可逆的な解決」を確認したものであった。

文在寅政権が白紙化させた理由は、同合意に至った朴槿恵政権下の外交当局の交渉過程を、進歩派ジャーナリストなどがメンバーとなった外交部設置の作業部会に検証させたところ、「被害者の意見を集約しなかった」との批判的結論となり、これを同政権が受け入れたからだ。日本社会では、当時の安倍政権が韓国側へ譲歩して合意したという意識が強いものであった。「合意案の承認を最後まで渋ったのは、韓国大統領府ではなく安倍総理の方だった。合意は過去に例を見ないほど明確に、日本政府の責任や謝罪、反省をうたう」（『朝日新聞』２０１９年12月29日付）と評されていた。

それだけに、こうした合意でさえ「ちゃぶ台返し」をする韓国に対して、「約束を守らない国」という日本での「眺め」を拡散させる決定的なものとなった感がある。徴用工問題を含めて、安倍氏も「日韓請求権協定に違反するなど、国と国との信頼関係を損なう対応が残念ながら続いている。約束をまずは守ってもらいたい」（２０１９年8月23日）と、度々発言するようになった。

なお、『安倍晋三回顧録』には、「確かに合意は破られてしまいましたが、日本が外交上、Moral High Ground（道徳的に優位な立場）になったのは事実です。国際社会に向かって一度合意したことで、私は先方と会う度に『君たち、ちゃんとやれよ』と言える立場になったわけですから」と、慰安婦の日韓合意を文在寅政権が白紙化したことに関して、安倍氏は言及している。

尹錫悦政権に交代しても、日本社会では「元慰安婦問題の『最終的かつ不可逆的』な解決を確認した日韓合意を事実上破棄した。韓国は約束を守らない国という印象を強く持っている」（『読売新聞』２０２２年6月5日付、投書欄）という「眺め」が、続くことは続いた。

2023年3月6日、韓国政府は元徴用工問題の解決策を正式発表した。被告の日本企業の賠償支払いを韓国政府傘下の財団が肩代わりするという案で、日本政府との外交交渉を経て結着したものであった。この際も、「約束を守らない国だから」とか、「ちゃぶ台返しをまたするのではないか」という懸念が、一般の声として聴かれただけでなく、日本政府関係者からも、漏れ伝わった。この発表を取り上げた翌日付の在京6紙の社説を見ると、「日本にも慰安婦合意の記憶から韓国への疑念が消えない。韓国政府は政権交代後に蒸し返されないよう国民の理解を得てもらいたい」(『日本経済新聞』2023年3月7日付)などと、4紙が慰安婦合意の反故について触れた。

「不法」に対する慰謝料

前述してきたように、2018年10月の大法院判決では、徴用工訴訟での日本企業への賠償を命じた。それまでは、両国政府とも1965年に国交樹立した際に締結した請求権と経済協力に関する協定で「解決済み」という立場であった。

この際、日本企業に元徴用工への賠償(1人1億ウォン)の支払いを命じた根拠として、特徴的なことが2点ある。ひとつは、元徴用工が強いられた強制労働は、植民地支配と結びついた「反人道的な不法行為」であって、請求権協定が「解決済み」とした事項（未払い賃金部分）には、不法への個人「慰謝料」の請求権は含まれないという点である。もうひとつは、日本の植民地支配全体が「不法」なのだと断じた点である。

韓国の政界やメディアでは、日本の植民地支配を指して、「不法な植民地支配下での反人道的な違法行為」とすることはよくある。ただし、司法のレベルでその「不法」への個人「慰謝料」に対する請求権は協定の対象外という判断になれば、創氏改名などの植民地下のあらゆる施策が慰謝料の対象となる可能性がある。

一方、大法院判決とは異なり、原告の訴えを退ける地裁レベルの判決も出ている。２０２１年6月7日、ソウル中央地裁は別の徴用工訴訟で、「請求権協定には、強制動員被害者の損害賠償請求権も含まれる」と明記されている。すなわち請求権協定で「完全かつ最終的に解決されたと見るのが相当だ」とする判決を下した。植民地支配の「不法」について、「韓国の国内法による解釈で、国際法的に違法性を認める資料はない」とも言及した。そして、「日本の植民地支配が違法かどうかは請求権協定の解釈とは関係がない」ともした。

ところが、２０２４年2月1日、ソウル高裁は原告の訴えを却下したこの一審判決を破棄し、地裁に審理を差し戻した。２０１８年10月以降、この時点までに計12件の日本企業の敗訴が確定している。

植民地支配の「不法」をめぐっては、請求権協定と同時に結ばれた日韓基本条約の第2条への評価とも関連する。そこには韓国併合（1910年8月22日）を念頭に、「1910年8月22日以前に大日本帝国と大韓帝国との間で締結されたすべての条約及び協定は、もはや無効であることが確認される」と書かれている。玉虫色の評価とするため、「もはや無効（already null and void）」という曖昧な表現が使われたといわれる。

つまり、韓国では「もともと不法で、無効であった」と、日本では「不当だったかもしれないが合法で、無効となった」という解釈が可能となってきた。その曖昧さがその後も禍根を残す材料になったと断じることができる一方で、棚上げにすることでその後に協力の道が開けたとも評価できる。

竹島の領有権をめぐっても、国交樹立の際、曖昧さを残した。国交樹立の5カ月前、自民党の実力者であった河野一郎氏と韓国の国務総理であった丁一権《チヨンイルグオン》氏の間で、「竹島・独島問題は、解決せざるをもって、解決したとみなす。したがって、条約では触れない」を骨子とし、日韓国交正常化のために領土紛争を永久に「棚上げ」するという密約を結んだという（ロー・ダニエル『竹島密約』草思社、2008年）。

「もはや無効」という表現であれ、竹島をめぐる密約であれ、「先人の知恵」と見るべきなのか、それとも、「時代の便宜主義」と見るべきなのかである。

そもそも、日韓基本条約や請求権協定は両国間の経済協力と安全保障を第一義とし、双方の相手国に対する歴史認識を封印して締結した。前述した日韓間の構造変化として、韓国が国力を付けて、日本の存在が圧倒的に重要でなくなれば、この間のわだかまりが韓国社会で噴出し、曖昧さや棚上げを「時代の便宜主義である」と当為主義的に非難する声が高まってもおかしくない。機能主義がベースにある日本社会のほうが、曖昧さや棚上げを「先人の知恵」と評価しやすい土壌もあるだろう。

日本を説得できると考えた政策誤算

文在寅氏は、大法院判決より1年以上前の２０１７年8月15日、日韓間の未解決問題として徴用工問題と慰安婦問題を挙げ、次頁の**表5**のように「日本指導者らの勇気ある姿勢が必要だ」と発言した。元徴用工や元慰安婦も招待されていた「光復節」式典での演説のなかであり、「公約」のようなものとなった。こうした大統領発言が、世論形成へ与えた影響は大きい。日本政府や政治家に対しては、「和解」よりも「対抗」を是とするムードが、韓国社会で醸成される

表 5　文在寅氏の大統領時代の主な対日発言

年月日	発言内容
2017年8月15日	韓日関係の障害物は過去の歴史それ自体でなく歴史問題に対する日本政府の認識に揺れがあるためだ。日本軍慰安婦と強制徴用など、韓日間の歴史問題解決には、人類の普遍的価値と国民的合意による被害者名誉回復と補償、真実糾明と再発防止の約束という国際社会の原則がある。わが政府はこの原則を必ず守るだろう。日本の指導者の勇気ある姿勢が必要だ。 出所：「第 72 周年光復節祝辞」『文在寅演説文集』第 1 巻（上）、大統領秘書室、2018 年、264 頁
2018年3月1日	われわれは誤った歴史をわれわれの力で正しく立て直さなければならない。独島は日本の朝鮮半島侵奪の過程で、一番最初に強制的に占領されたわれわれの土地だ。われわれの固有の領土である。今日本がその事実を否定するのは、帝国主義侵略に対する反省を拒否することにほかならない。慰安婦問題解決にも、加害者である日本政府が「終わった」と話してはならない。戦争期にあった反人倫的人権犯罪行為が、終わったという話で覆われない。不幸な歴史であるほど、その歴史を記憶して、その歴史から学ぶことだけが、真の解決だ。日本は人類普遍の良心で、歴史の真実と定義に向き合うべきだ。私は、日本が苦痛を加えた隣の国々と真に和解して、平和共存と繁栄の道を共に歩むように願う。私は日本へ特別な待遇を要求しない。ただ、最も近い隣国らしく、真実の反省と和解のうえで、一緒に未来に進むように願うだけだ。 出所：「第 99 周年三・一節記念式」『文在寅演説文集』第 1 巻（下）、大統領秘書室、2018 年、258 頁
2019年8月2日	わが政府と国際社会の外交的解決努力を冷遇して、状況を悪化させてきた責任が日本政府にあることが明確になった以上、今後広がる事態の責任も全面的に日本政府にあるという点を明確に警告する。（中略）大法院の強制徴用判決に対する明白な貿易報復だ。また、「強制労働禁止」と「三権分立に基づいた民主主義」という人類普遍的価値と国際法の大原則に違反する行為だ。（中略）日本政府の措置が、われわれの経済を攻撃して、われわれの経済の未来成長を遮って打撃を加えるという、明らかな意図を有している。（中略）長い間の経済協力と友好協力関係を傷つけることによる両国関係に対する重大な挑戦だ。（中略）われわれは二度とは日本に負けないだろう。（中略）決して望まなかったことだが、わが政府は日本の不当な経済報復措置に対して相応する措置を断固として取っていく。（中略）加害者である日本が賊反荷杖（盗人猛々しく居直るの意）で、かえって大声を上げる状況を決して座視しない。（中略）われわれの経済に意図的に打撃を与えるならば、日本も大きい被害を甘受しなければならない。（中略）力で相手を制圧した秩序は、過去の遺物であるだけだ。（中略）今日の大韓民国は過去の大韓民国ではない。（中略）挑戦に屈服すれば、歴史は再び繰り返される。（中略）国民の偉大な力を信じて政府が先に立つ。 出所：「臨時閣議冒頭発言」、青瓦台ホームページ、2019 年 8 月 2 日
2020年6月25日	戦争が終わった後にも、南と北は長い歳月の間、冷戦の最前方で対抗して、国力を消耗しなければならなかった。わが民族が戦争の痛みを体験している間、かえって戦争特需を享受した国々もあった。しかし、われわれにとっての戦後経済の再建は、植民地支配から抜け出すほど険しい道だった。 出所：「6·25 戦争第 70 周年記念式」『文在寅演説文集』第 4 巻（上）、大統領秘書室、2021 年、120 頁

一因となったであろう。慰安婦問題の日韓合意の交渉過程に関して、作業部会が「被害者の意見を集約していない」と批判する報告書を提出したのは同年12月であった。

世論に敏感と言われる大法院判決（２０１８年）においても、一定の判断材料となった可能性も否定できない。判決当時の大法院長（最高裁長官）であった金命洙《キムミョンス》氏は「国民の目線に立ち、どんな裁判が良い裁判なのかを考えて実践しなければならない」（２０２０年５月25日）と、法治よりも国民情緒の重視とも解釈されかねない発言をして、物議を醸したことがある。

盧武鉉政権下では請求権協定の効力を再検証する官民共同委員会が設置され、文在寅氏も政府側委員として加わっており、２００５年８月、慰安婦、サハリン残留者、原爆被害者の３つの問題を効力の対象外とする一方で、徴用工問題は解決の範囲だと再確認していた。

したがって、２０１７年８月15日の時点での同問題への言及は、それまでの韓国政府の見解を越えるものだった。文在寅氏は同17日にあった記者会見でも、「両国間の合意にもかかわらず、徴用された強制徴用者個人が、三菱などをはじめとする会社を相手にする民事的権利はそのまま残っているというのが、韓国の憲法裁判所や大法院の判例だ」と述べた。当時、日本政府は即日で一連の発言に対して、「解決済み」との立場を韓国側へ伝達していた。

同年5月に大統領に就任したばかりの文在寅氏は、日本を説得できると判断していたのかもしれない。

その背景には、文在寅政権下で急速に進んだ韓国社会の「分断」にある。保守と進歩による「分断」が、文在寅政権下で進行したという指摘は、多くの識者によってなされている。高麗大学名誉教授の崔章集《チエジャンジプ》氏は、自らが進歩派の重鎮であっても、どの政権下よりも文在寅政権下で社会分断が進み「両極化」したことを憂慮する見解を示している(『月刊中央』2021年12月号)。

保守は保守の立場だけで、進歩は進歩の立場だけで、自己主張するような状況を、「陣営論理」と韓国で呼んでいる。外交問題の場合、保守陣営が現実的な対日政策や安全保障上の日米韓協力を主張すると、進歩陣営は政策の良し悪しではなく、その主張を「陣営論理」によって「親日」のレッテルを貼る。色分けで線引きする行為を「フレーム」と呼んでいるが、こうした進歩陣営の行為をメディアは「親日フレーム」と評している。

韓国における「親日」は、植民地時代に当時の大日本帝国へ協力した行為を指す言葉として古典的に使われてきた。「親日派」は民族反逆者といった侮蔑も帯びている。現代日本への好意、親近感、接点を指す意味では必ずしもなかったが、文在寅政権下で広まった「親日フレーム」と呼ばれる状況は、それらを指す意味も含めて使われるようになった(第3章で詳述する)。

東亜日報の著名な記者であった沈揆先《シムギュソン》氏は、著書の日本語版（『慰安婦運動、聖域から広場へ　韓国最大の支援団体の実像に迫る』箱田哲也訳、朝日新聞出版、2022年）で「私は最近、韓国に保守と進歩がまともに機能しているか疑わしく感じる。保守と進歩は違いを認めるが、共存を志向する。鳥が二つの翼で飛ぶように。だが最近の韓国の進歩と保守は、相手方を認めない。翼一つで飛ぶというのだ」と2020～2021年の韓国社会を描写し、「私は、韓国の最大の弊害は、この極端な陣営論理だと考える。陣営論理は、左右の理念対立が最も悪い姿で現れたのだ」と分析している。

分断された社会では、自分の意見や考えに一致する情報ばかり集める傾向が強まると言われている。確証バイアスなどと言われるが、もっぱら自らの陣営の「ファクト」だけで相手を批判する傾向が、文在寅政権下では強まった。

表5のように、文在寅氏自身が一方の「ファクト」だけで日本を評する発言が目立った。2018年3月の発言も「反人倫的人権犯罪行為が、終わったという話で覆われない」という文句が刺激的であり、デリケートである領土問題までわざわざ焦点化させた。2019年8月の発言は、日本政府が韓国を輸出手続きの優遇対象国から除外すると閣議決定したことを受けての発言だが、「われわれは二度と日本には負けないだろう」とまで言い切った。2020年6

月の発言は国名の名指しを避けたが、「戦争特需を享受した国々」のひとつが日本であることは、明らかだった。

文在寅氏周辺もこうした発言に呼応する発信をしていった。文在寅氏と関係が極めて近く、法務部長などを歴任した曺国《チョグク》氏の言動が象徴的であった。大統領府の民情首席秘書官であった2019年7月18日、日本の輸出管理問題と関連して、「大韓民国の意志と関係がなく『経済戦争』が勃発した」、「このような状況下で重要なことは、『進歩か、保守か』、『左か、右か』でなく、『愛国か、利敵か』だ」、「文大統領は、経済戦争の『最高統帥権者』として渾身の力を出している。戦争中でも交渉は進めるので、最大限、早い時間に『終戦』をしなければならない。しかし戦争は戦争だ」などと、フェイスブックに書いた。

これを報じた『朝鮮日報』(2019年7月20日付)は「曺首席の『利敵』発言は比喩的ではあるが、安保協力国の日本を『敵』と規定して、青瓦台(大統領府)に批判的な声は『敵に得をさせる行為』と規定することだと解釈される」と批判的に指摘した。すると、曺国氏は即日で「1965年以後、一貫した韓国政府の立場と、2012年および2018年の大法院判決を不正、非難、歪曲と罵倒するのは、間違いなく日本政府の立場だ。こういう主張をする韓国人を、当然『親日派』と呼ぶべきだと考える」とフェイスブックで反応した。

曺国氏のような反応に文在寅氏は大いに鼓舞されて、日本との「戦争」に勝てると自信を深めていった可能性がある。

リアリズムとアイデアリズム

「文在寅政権は左派というよりは、李朝時代の歴史・文化伝統の復活だ。衛正斥邪派の高尚な人らと似ている」と評する研究者（金大鎬《キムデホ》・社会デザイン研究所長）がいる（『新東亜』2019年3月号）。

衛正斥邪派とは、正学を衛り、邪学を斥けるという思想を標榜した人々だ。19世紀の近代朝鮮で米国やフランスが大砲と軍艦で武力開国を要求してきた際、打ち払うために思想的な武器としたのが衛正斥邪思想である。この際、「正学」とは朱子学であり、「邪学」とはキリスト教であった。場合によっては、宗教だけでなく、西洋の科学もひっくるめて、「邪学」とした。

李朝500年の儒教史において「斥邪」の主たるターゲットは、仏教、道教、陽明学と変遷していった。衛正斥邪派は、同じく開国要求された日本や清とは異なり、列強の大砲や軍艦の威力に直面しても「武」の近代化を国家的な優先課題として関心を示さなかったという（姜在彦《カンジェオン》『朝鮮儒教の二千年』朝日新聞社、2001年）。日本の尊王攘夷派が「攘夷」を強行せずに、新しい国際環境の現実へ対処したのとは対照的だった。衛正斥邪派は現実よりも当為性が強いという意味で、左派たる文在寅政権と類似している。

金大鎬氏は、「(文在寅政権は)実物・市場・経済・企業に無知だ。物事を部分的・一面的に見る。『道徳』で世の中を裁き、学者らと運動圏(学生運動出身者のこと)の化石が権力エリートの中核を形成している。現実の複雑さ・微妙さが分かっていない。単純で無知な『道徳主義形態』を見せる。世の中を善悪、正邪、正義—不義、改革—積弊、わが民族—米日外勢の枠組みで裁く」という見方をしている。

結局、文在寅氏は退任する年の年頭記者会見(2021年1月18日)で、元慰安婦への賠償を日本政府に命じるソウル中央地裁の判決(同8日)に対して「困惑している」とし、慰安婦問題に関する2015年の日韓合意を「両国間の公式合意と認める」との見解を示した。徴用工訴訟での判決による日本企業の韓国国内資産の現金化のための売却関連を「望ましくない」とも述べた。これ以降は、先の**表5**で見たような、日本に対する対抗的な発言は見られなくなった。日米韓の連携を重視する米国でのバイデン政権誕生との関連も指摘されたが、沈揆先氏は「この発言は、文政権が韓日関係の適正な管理に失敗したことを認め、国益と国民感情のうち、国益を考慮する方に旋回したい、という意志を示したものだ。しかし、文政権の方向転換はあまりにも遅すぎた」（『慰安婦運動、聖域から広場へ』、前掲）と分析する。

この章のテーマは、日韓間の「眺め合い」でなぜ「葛藤」が目立つようになったのかであった。これまで見たように、日韓間の構造変化、当為主義と機能主義の違いなどもあるが、文在寅政権であったから発生した日韓間の葛藤や混迷が存在したことも事実であろう。

もちろん、韓国側の指導者だけに責任を負わせるのも不公平というものだ。安倍政権が歴史修正主義的な姿勢を見せた点は、韓国から日本への「眺め」を悪化させた。『安倍晋三回顧録』によれば、1993年に当時の河野洋平官房長官が発表した慰安婦問題に関する談話と関連して、安倍氏が2017年から外相に抜擢した河野太郎氏に対して、「お父さんと全く違う立場でやってくれ。河野談話の『こ』の字も言うな」と指示したという。また、韓国への輸出管理を強化する政策も影響が大きかった。輸出管理政策は、当時、表向きには徴用工問題との関連性を否定していたが、同回顧録には、同問題の解決を促す政治的狙いを含ませたことを認めている部分がある。

ところで、同回顧録の聞き手のひとりとなった橋本五郎氏（読売新聞特別編集委員）は、「回顧録で浮かび上がってくるのは、『戦略的リアリスト（現実主義者）』に徹した政治家の姿である」と、安倍氏を評している（『読売新聞』2023年2月4日付）。同紙は2023年2月16

日付で、その例として「タカ派のイメージが強かったが、ハト派的な政策にも力を入れた」と指摘する。

前述したように、慰安婦問題で日本政府の責任、謝罪、反省を明確にした日韓合意（2015年）を受け入れたのも、リアリストゆえであろう。「私も含めて、今後の日本の総理は、慰安婦問題の『い』の字も言わなくて済む合意というつもりでした」と、同回顧録で安倍氏は述べており、そこからは理念ではなく、機能的なことを優先させたことを伺わせる。

その後、慰安婦をめぐる日韓合意の白紙化と徴用工問題に対して、安倍政権は「国と国の約束」を根拠とした法（輸出管理政策など）というリアリズムで対応した。一方、文在寅政権は前述したように「正義」という理念を対日外交に適用させていった。

韓国の大統領府は「アイデアリズム（理念）こそがリアルな外交」（アイデイアリズムのリアリズム化）を、日本の官邸は「リアリズムこそが理想的な外交」（リアリズムのアイデイアリズム化）を、インターネットと形成されたそれぞれの世論も意識しながら、定式化してきたかのようだった。この傾向は、双方の対中・対北朝鮮政策でも感じられ、両国国民の「眺め」合いへも影響を与えたと言ってよい。文在寅−安倍という指導者の組み合わせが、双方の国民感情に「してやられた感」を増幅させて、「葛藤」を加速化させた点も否めない。

第二章　人的・文化交流をめぐる日韓間の「眺め合い」

1.「推し」がいる韓国という存在

日本女性の韓国への「眺め」

日韓間の政治・外交対立が激しかった頃、若い女性の韓国への「眺め」がわかるものとして、もーちぃさん（1999年生まれ）という自称「日本一新大久保に詳しい女子大学生」のインタビュー記事が、『朝日新聞』（2019年10月13日付）に載っている。

「もーちぃさんの世代にとっての韓国とは」という質問に、「韓国製と聞くと、『安くて、かわいくて、いいもの』と、肯定的にとらえる子が多いと思います。でも国という認識はあまりない。今の日韓関係も『私が好きな韓国と政治は関係ない』と考えている子が多いと感じています」と答えている。とくに、韓国製コスメが人気だと言い、「オルチャンメイク」と呼ばれる「韓国っぽい」顔にするメイクを話題にしている。

動画配信サイトYouTubeで韓国製コスメやオルチャンメイクを検索すると、「韓国顔に近づく！　5つのポイント」、「イマドキ韓国顔になれる」といった、韓国メイクを参考にして綺麗になろうといった動画が多数アップされる。それを裏付けるように、近年、日本にとって韓国からの化粧品輸入が急増している。日本化粧品工業連合会が集計した**図8**のように、2020～21年は韓国が輸入先の2位となり、2022年にはフランスを抜いてトップとなった。韓国側（大韓貿易投資振興公社）の調査でも、韓国コスメの日本向けの輸出額は4億5900万ドル（約587億円）に達し、2019年実績の1・5倍にもなった。これを報じている流通専門誌『月刊マーチャンダイジング』（2022年7月号）は、「コロナ禍でも2年で1・5倍増と驚異的な成長続ける」と評している。外出の機会が激減したコロナ禍では、化粧品市場が縮小しただけに、「驚異的」としているのだ。

化粧品に限らず、美容やファッションにおける韓国の存在感が、近年、増している。楽天グループが運営する楽天ラクマによるアンケート調査（2023年7月4日～10日、n＝女性1813、男性1835）で、「日本以外で最もファッションの参考にしている国」（単一回答）を問うたところ、女性の場合、全年齢層で韓国が最も高かった（74頁の**図9**）。特に10代は8

図8　日本における輸入化粧品の輸入額の推移
（国別、2000～2023年）

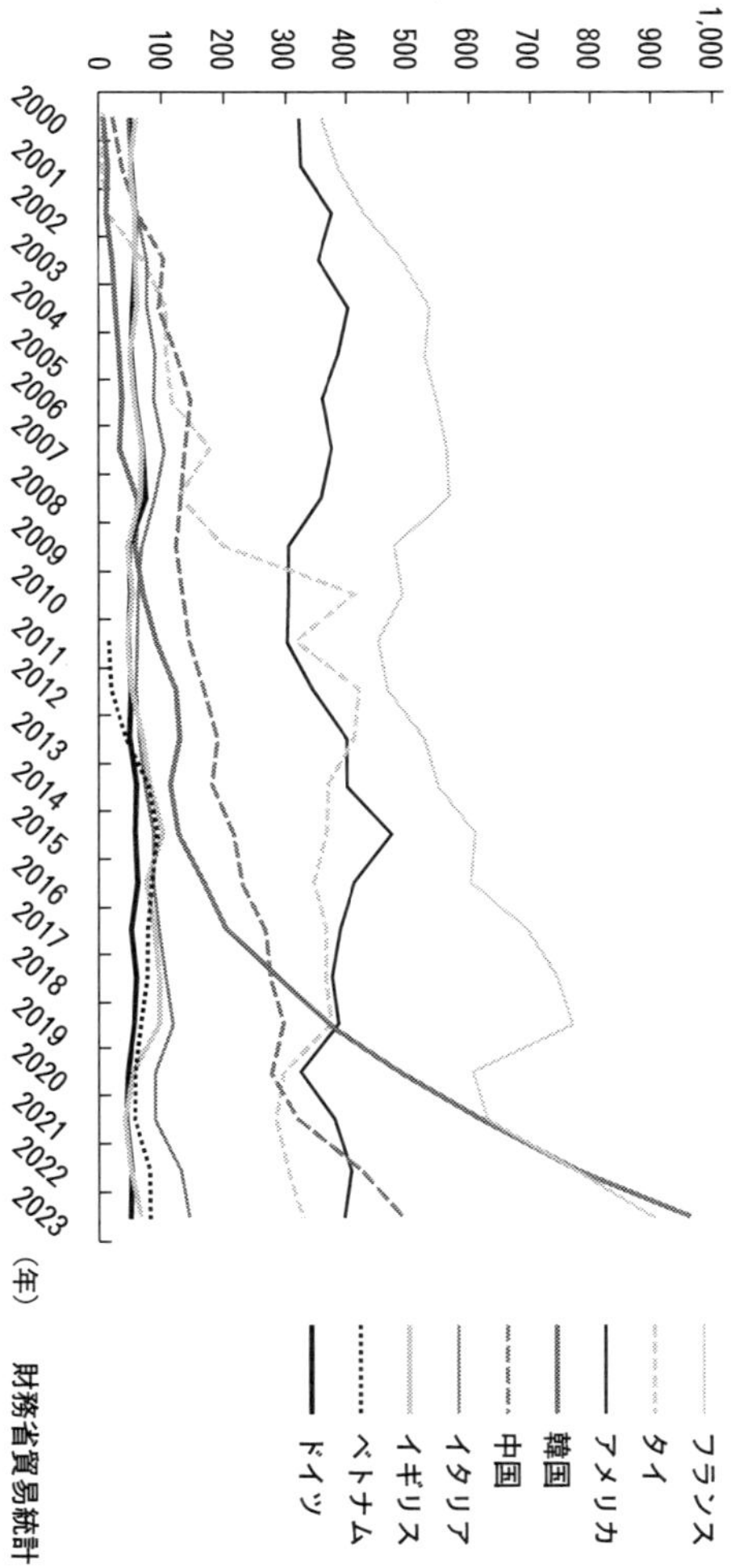

出所：「化粧品の輸出入」（日本化粧品工業会ホームページ、2024年10月29日）。原典は、財務省貿易統計

図 9　2023年版 女性年代別「ファッションの参考にしている国」

n＝3,648（女性 1,813、男性 1,835）

調査期間：2023 年 7 月 4 日から 7 月 10 日　調査実施機関：「楽天ラクマ」〈https://lab.fril.jp/post-3999〉

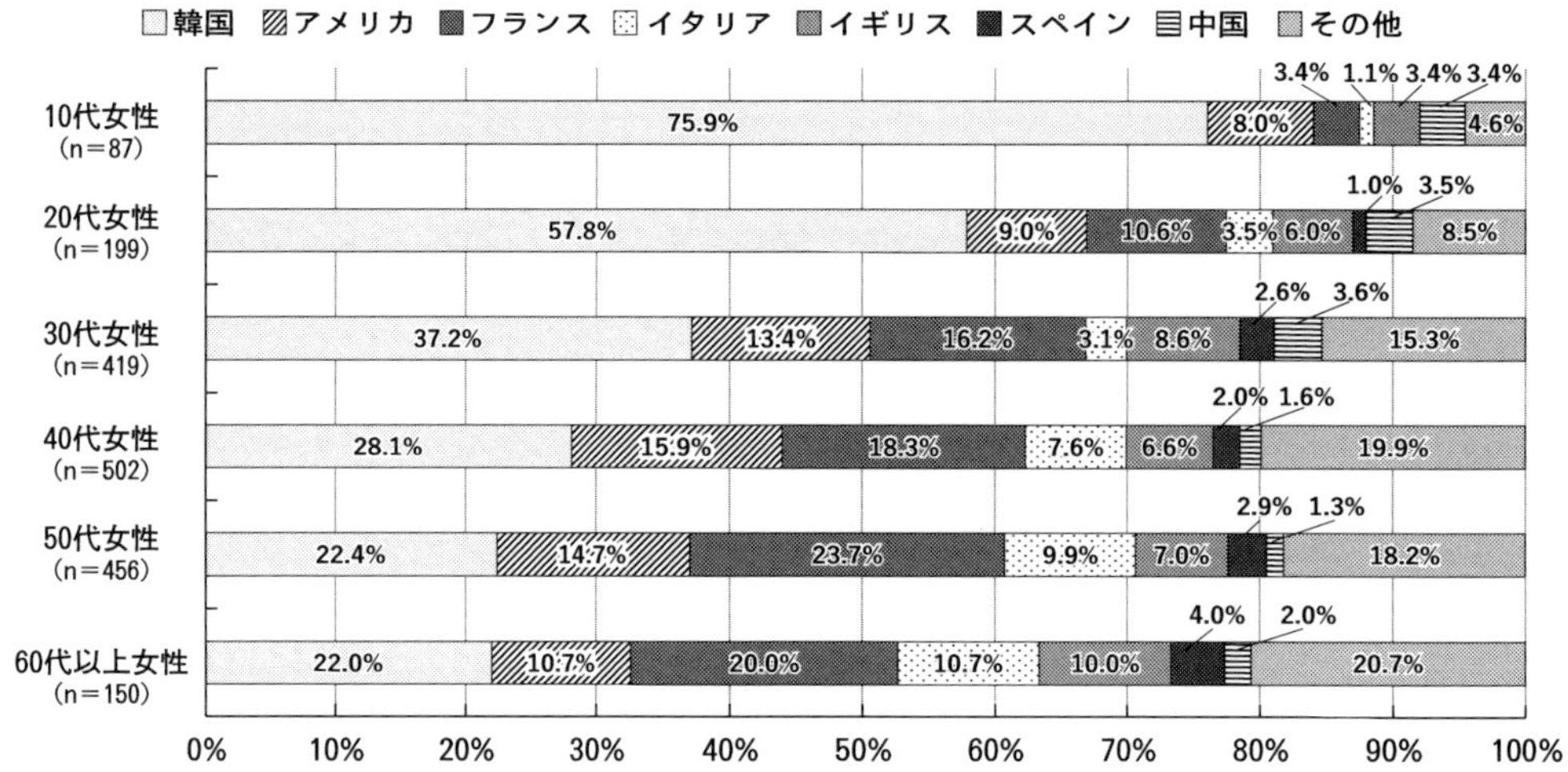

年連続で韓国をトップに挙げているともニュースリリースにはあり、その比率が75・9%に達した。なお、図の掲載は省略するが、同調査では男性の場合、10代は米国（33・3%）がトップだったが、韓国はフランスと並んで2位（22・2%）であった。韓国への「眺め」におけるジェンダーギャップが見てとれる。

すでに、2008年以降は韓国を訪れる日本人のうち、女性が過半数に達している。韓国文化観光振興院の統計によれば、2008年の訪韓日本人は約234万7000人で、このうち女性が約117万9000人と、全体の50・2%を占めた（**図10**）。同年以降も女性の比率が高まっており、コロナ禍が収まった2023年に訪韓した日本人のうち、女性は約155万8000人で男性（約

図10　訪韓日本人の女性比率推移

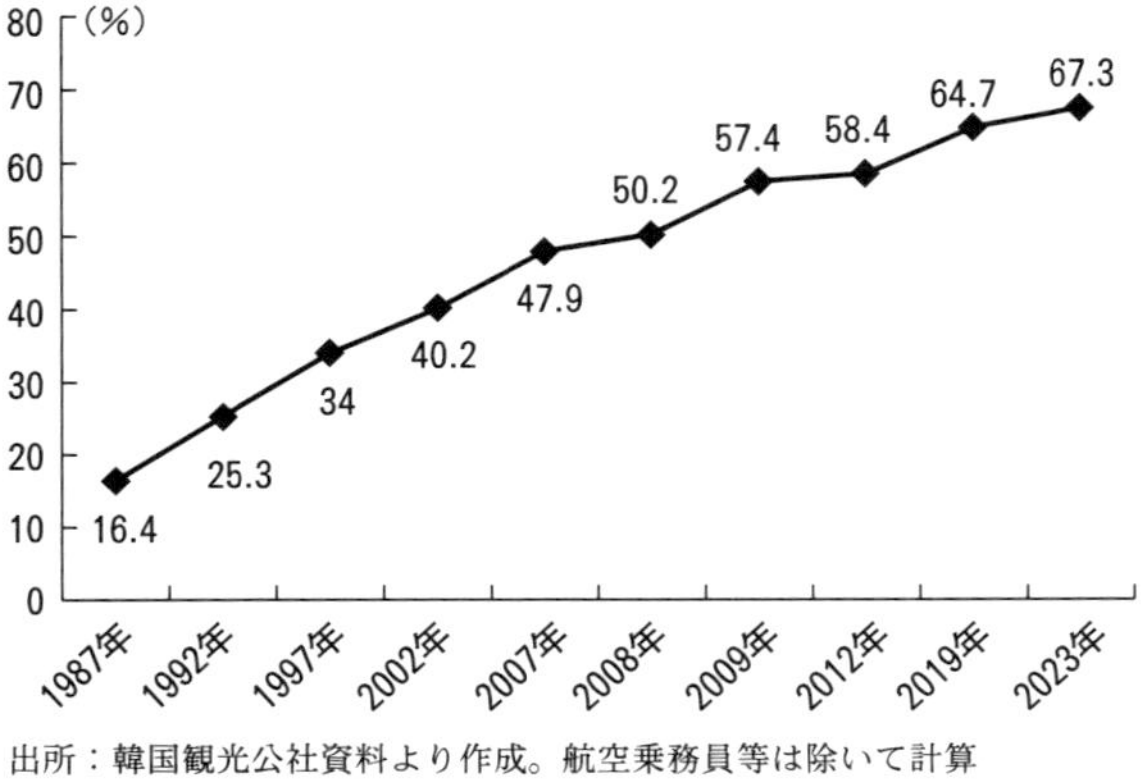

出所：韓国観光公社資料より作成。航空乗務員等は除いて計算

74万8000人）の倍だった。

1970〜80年代に「キーセン（妓生）観光」（買春観光）を目的とした日本人男性の行き場としての韓国が、「男性天国」と言われた時代とは対照的である。ライターの伊東順子氏は時代の移り変わりを、著書『韓国　現地からの報告――セウォル号事件から文在寅政権まで』（ちくま新書、2020年）で次のように描写している。

韓国旅行に行くのを家族には九州出張と嘘をついていたお父さん。羽田の免税店では韓国の愛人のためにブランド品を買い、妻には南大門市場でコピー商品を買って帰国したご主人。卑屈だった夫たちとは違い、妻たちは堂々と夫を家に残し、韓流スターのファン・ミーティングに出かけた。／さらに女性たちは、旅行代理店のセットしたツアーを好まず、自ら得たネット情報を元に個性豊かな旅行を始めている。日本人の韓国旅行の形が変わっている。これから面白くなるかもしれない。

伊東氏はこうした状況を「韓流はリベンジだ！」とも表している。50年余りの間に、韓国への代表的な「眺め」が、男性主導の「キーセン観光」から女性主導の「韓流」に大きく変わったと言ってもよいであろう。

韓国語学習者の急増と若者の言葉

嫌韓論者の女性もおり、日本女性のすべてが「親韓」であるわけではないが、日本人の韓国への肯定的な「眺め」において、女性の存在感は大きい。韓流、コスメ、エステ、旅行ということがモチベーションになるのか、韓国語学習者の女性の比率も高い。

まとまった統計はないが、街にある韓国語教室でも、女性の受講者のほうが圧倒的に多いという話をよく耳にする。韓国語を第二外国語として学べる大学でも、韓国語科目を選択する学生は男性よりも女性のほうが多い傾向があるようだ。筆者が勤務する静岡県立大学（第2外国語の履修が必須になっている国際関係学部）では、女性のほうが全体の入学者数比率（例年65％程度）が多いことを割り引いても、韓国語選択者の女性比率が異常に高い。

留学生以外は、フランス語、ドイツ語、スペイン語、ロシア語、中国語、韓国語、フィリピン語の6言語のうちから、1言語を選択することになっている。

2022年度と23年度の入学者は、2年連続で韓国語を履修登録する学生が最も多かった。22年度は204人のうち44人、23年度は209人のうち47人だった。24年度は中国語のほうが多かったが、204人のうち44人だった。そして、いずれの年も、うち40人近くが女性である。

他の大学でも、韓国語（大学によっては、朝鮮語、コリア語という名称で開講）の選択者が多いという話をよく耳にするので、全国的な傾向のようだ。また、韓国だけでなく、北朝鮮を含めても、外交関係が悪い国・地域の言語を学ぶ大学生が増えるという特異な現象があるということになる。

なぜ、韓国語を選ぶのかと言えば、韓流の影響であると類推できる。

第2外国語を選択する際、その理由を希望書に書かせる。一例として23年度のある学生のものは次だが、韓国文化へ真摯に向き合いたいとする典型的な選択理由である。

韓国語を学びたい理由は、韓国の文化に興味があるからです。私は高校時代から韓流ドラマやK-POPが好きで、また韓国人の友人がいるため、韓国の言葉に触れることが多かったです。K-POPを好きになっていく中で韓国の文化にも興味を持つようになりました。食べ物やどんな街なのか、どんな風習があるのかなどをアーティストやアイドルがよく投稿していて、その言葉が理解できればより親しみを感じることができると思いました。韓国語を習得することで、韓国の文化をより深く理解できると考えました。

そして、第2外国語の教室といえば、大学になってから初めてその言語に接する初学者ばかりだったが、高校時代、あるいは中学時代に韓国語を独学した経験がある学生も、近年は少なくない。「高校1年生の時、韓国のポップカルチャーに興味を持ち韓国語の勉強をしたことがありました。しかし高校の勉強との両立が難しく、挫折してしまいました」、「韓国のアイドルが話していることを字幕なしで理解したい。高校生の時にハングルの書き方や読み方を独学で習得したが、まだ韓国語特有の語尾の変化や尊敬表現が理解できなかった」と、独学経験を選択理由に書き込む学生も多いのだ。

独学と言えば、NHKのテレビやラジオの語学講座が頭に浮かぶ。2023年4月から開講の各講座のテキスト売り上げに関して、雑誌のオンライン書店である富士山マガジンサービスのホームページで、「NHK語学テキスト」（紙版）のランキングを調べてみた（手話を除く）。次頁の**表6**のように、英語関連のテキストが圧倒的に多いが、英語以外では、ベストテンに入ったのは韓国語（ハングル）関連が唯一で、しかも3つもある。中国語とフランス語は11位と12位だった。

「韓国語学習者『推し』で増加　専攻新設の大学も　97年開始能力試験　受験者27倍」という見出しが付いた記事を掲載した『中日新聞』（2024年4月28日付）によれば、桜花学園大（愛知県豊明市）は、韓国専攻がある国際学部で「韓国」を前面に出したオープンキャンパスをしたところ、前年度比4・8倍に相当する参加があり、少子化の折、学生数も「V字回復」したという。また、韓国語能力試験（TOPIK）を運営する韓国教育財団の話として、同試験の受験者数が2023年は過去最多の4万1000人超（同試験が始まった1997年の27倍）であり、その受験者の55％が20代、89％が女性であったと伝えている。

韓国語をめぐる若者の意識がわかる調査結果もいくつかある。無料語学アプリ Duolingo が、日本全

表6　NHK語学テキストの売上順位（2023年5月）

	テキスト名（27誌中）	媒体
1	中学生の基礎英語レベル1	ラジオ
2	ラジオ英会話	ラジオ
3	中学生の基礎英語レベル2	ラジオ
4	**ハングルッ！　ナビ**	テレビ
5	ラジオビジネス英語	ラジオ
6	中高生の基礎英語 in English	ラジオ
7	英会話タイムトライアル	ラジオ
8	**まいにちハングル講座**	ラジオ
9	エンジョイ・シンプル・イングリッシュ	テレビ
10	**ハングルッ！　ナビ書いてマスター　ハングル練習帳**	ラジオ
11	まいにち中国語	テレビ
12	まいにちフランス語	テレビ

出所：富士山マガジンサービスのホームページのランキング機能から、「NHK語学テキスト（紙版）」を選択した順位。外国語に絞るため、「みんなの手話」を除いた（2023年5月7日現在）

国の４７００人（日本語を母国語とする各都道府県在住の15〜59歳の男女１００名）を対象に、２０２３年11月10日〜15日に実施した「日本国内における語学学習に関する調査」（『Duolingo Language Report 2023』）によれば、学習している言語がある人のうち、「韓国語」と答えた人が、30代以降では各年代10〜15％の人が韓国語を選択した一方で、20代では26％、10代では37％に及んだ。「まだ語学学習をはじめていないものの意欲がある」とした人のうち、20代は４５・３％、10代は５２・４％が「韓国語」と答え、他の世代を圧倒したという。

同じくDuolingoが２０２２年3月に日本全国の５００名（10代〜50代男女各50人ずつ）を対象に実施した「[Duolingo Japan Report] 韓国語に関する調査」では、次のようなことが明らかになっている。

▼すでに韓国語を学んでいる人（85人）のうち、音楽やドラマ、映画などの韓国コンテンツが韓国語を学ぶきっかけになった人は７６・５％、▼「普段の生活のなかで自身もしくは周りの人が韓国語を使っているシーンがある」は、30代以上（３００人）が26％であるのに対して、Z世代（15〜24歳、１５０人）が４６・７％、▼Z世代が挙げたよく使う韓国語由来の言葉は、アンニョン／アンニョンハセヨ／アンニョンハシムニカ（こんにちは）、サランへ／サランヘヨ（愛している）、カムサハムニダ（ありがとうございます）、チンチャ（ホントに）、オッパ（お

兄さん)、チョアヨ(いいね)、~ニダ(~です)。

実は、「10代女子は、なぜSNSで『韓国語』を愛用するのか?」(高橋暁子・成蹊大学客員教授/ITジャーナリスト、ウェブマガジン『マネー現代』2019年9月16日)という分析が出ている。この時点での高橋氏の分析によれば、Instagramでは10代女子と思われる投稿でハングルのハッシュタグが付いているものが多く、日本語でも「韓国好きな人と仲良くなりたい」(38・8万件)、「#韓国好き」(25・4万件)、「#韓国好きと繋がりたい」(13万件)、さらには「#韓国人になりたい」(2・9万件)といったハッシュタグまであるという。

また、「チンチャそれな」、「やばいンデ」といった日韓合成語と思われる若者の言葉がテレビでも見受けられると、帝塚山学院大学の稲川右樹准教授が指摘しており、興味深い(「韓国・日本の10代が使ってる『日韓ミックス言語』を知ってますか」、ウェブマガジン『現代ビジネス』2020年2月16日)。

他方、韓国人の若者の間でも、「日韓ミックス言語」を使う現象があるという。2023年7月24日に放映された「クローズアップ現代」(NHK総合テレビ)によれば、これを「ハンボノ」と呼ぶそうだ。韓国語(=ハングゴ)と日本語(=イルボノ)のそれぞれの韓国語読みをプラスさせた意味合いである。たとえば、日本語の「まじ(本当に)」と韓国語の「コマウォヨ（ありがとう）」を合わせて、「まじ、コマウォヨ」（「本当にありがとう」）などと使う例が、この番組では紹介されていた（「クローズアップ現代」韓国で〝イエスジャパン現象〟アニメ、居酒屋大流行！　その真相は」、ＮＨＫホームページ、２０２３年7月24日）。

こうした現象が「戦後最悪の日韓関係」と言われた時期に芽生えているから興味深い。

K-POPのコンテンツ確立化は体育の「ダンス」必須化が背景？

先に「K-POPを好きになっていく中で韓国の文化にも興味を持つようになりました」という、大学生が第２外国語で韓国語を選んだ動機を紹介した。若者のK-POP熱を見聞する度に頭によぎる論評がある。音楽ライターのまつもとたくお氏による「２組はほぼ新人『紅白』K-POP勢が突如躍進した背景　ガールズグループ３組それぞれの魅力に迫る」（『東洋経済オンライン』２０２２年11月22日）である。TWICE, IVE, LE SSERAFIMのガールズグループ３組について、「一糸乱れぬダンスの美しさ」という共通点を挙げ、次のように書いていたのだ。

日本では現在、小学生から中学２年生まで、体育の授業で「ダンス」が必修になっている。取り上げるジャンルは幅広く、J-POPやロック、ヒップホップなどの大衆音楽も含まれているという。このような状況下で育った世代にとって、踊りの完成度の高さで知られるK-POPは特に人気があり、なかでも日本人メンバーを含むグループに親近感がわくのは当然かもしれない。

調べると、2011年から小学校（全学年）、2012年から中学校（1・2年）の体育の時間でダンスが必須化され、高校でもそれに接続する形でダンスが導入されているのだ。「武道・ダンス必修化」（文部科学省ホームページ）には、「ダンスは、『創作ダンス』、『フォークダンス』、『現代的なリズムのダンス』で構成され、イメージをとらえた表現や踊りを通した交流を通して仲間とのコミュニケーションを豊かにすることを重視する運動で、仲間とともに感じを込めて踊ったり、イメージをとらえて自己を表現したりすることに楽しさや喜びを味わうことのできる運動です」と位置付けられている。

そして、『中学校学習指導要領解説　保健体育編（平成20年7月）』には、「現代的なリズムのダンスは、ロックやヒップホップなどの現代的なリズムの曲で踊るダンスを示しており、リズムの特徴をとらえ、変化のある動きを組み合わせて、リズムに乗って体幹部（重心部）を中心に全身で自由に弾んで踊ることをねらいとしている」と、学習のねらいも示されている。K-POPこそ、「体幹部（重心部）を中心に全身で自由に弾んで踊る」ことができるリズムの宝庫ではないか。「優等生」ほど（?）、K-POPにハマるかもしれない。

筆者（小針）は、「地域学校協働活動」と呼ばれるボランティア活動の一環で、ひと月に1〜2回ほど、地域住民の「寺子屋先生」として地元の小学校で、生徒の学習や遊びの面倒をみる機会がある。生徒に聞くと、体育の時間では「パプリカ」（作詞・作曲：米津玄師）などに合わせてのダンス（体操ではない！）で体を動かすとも言っていた。「まるちゃんの静岡音頭」といって、漫画「ちびまる子ちゃん」の作者さくらももこさん（故人、静岡市清水区出身）の呼びかけにより完成した地元ソングでダンス（「踊り」より激しい！）しているのを見たことがある。

若者を中心としたK-POPブームの背景として、「ダンス」への距離感が既成世代とは異なる点を感じるのだ。

これは、数値としても表れている。エイベックス・エンタテインメントのプレスリリース（2024年4月16日）によれば、エイベックス・アライアンス&パートナーズが日本全国18〜64歳の最終学歴高校卒業以上の部活動経験者（現役高校生除く）を対象とした「高校生の部活動に関する調査」(2024年3月13日~19日、n=1104)を実施したところ、人気の部活動は野球部やサッカー部からダンス部に移行しており、高校ダンス部の数は30年前に比べ、5倍に急増したと推測されるという。「あなたが高校生だった時にダンス部はありましたか」の問いに、X世代(1960~79年生まれ)は10・7%だけであったのに対して、Y世代(1980~95年生まれ)は24・9%で、Z世代(1995~2010年生まれ)は45・3%に及んだ。

文科省や各地の教育委員会などの公的な集計ではないので、正確な実態は不明だ。それでも、Z世代と呼ばれる層にとっては、ダンス部が特異な存在ではないことがうかがえる。

流行語20のうち7つが韓流と関係

「渡韓ごっこ」という言葉がある。ホテルなどに友人と泊まりながら、コンビニで買い込んだ韓国スナックやドリンク、韓国料理を食べたり飲んだりして、韓国旅行気分を楽しむことを指す。若者を中心にコロナ禍で広まった言葉だ。韓流文化に馴染んでいても、コロナ禍で韓国へ行けないからだ。韓国アイドルのライブ衣装、学校の制服、チマ・チョゴリなどに着替え、その写真をSNSに投稿して、渡韓気分を味わう場合もある。

この「渡韓ごっこ」は、2021年の女子中高生の流行語大賞にランキングされた。10代向けマーケティング業務をしている株式会社AMFが、2021年7月~11月までのトレンドから「ヒト・モノ・アプリ・コトバ」の4部門別にランク付けした「2021年の流行語大賞」を、同年11月29日に発表した。4部門の5位までを整理したものが**図11**であり、「渡韓ごっこ」はモノ部門の4位であった。

　発表当時、「渡韓ごっこ」以外にも、6つの韓国と関係がある言葉がランクインしたと話題となった。**図11**で下線を引いたものがそれである。これは、ニッセイ基礎研究所研究員である廣瀬涼氏の分析による（「2021年JC・JK流行語大賞を総括する――『第4次韓流ブーム』と『推し活』

図11　2021年の若者流行語

JC・JK流行語大賞 2021

順位	ヒト部門	モノ部門
1	INI（アーティスト）★	Girls Planet 999 ★
2	山田裕貴（俳優）	イカゲーム ★
3	平成フラミンゴ（YouTuber）	骨格診断
4	Vaundy（アーティスト）	渡韓ごっこ ★
5	とうあ（インフルエンサー）	トレカデコ ★

順位	アプリ部門	コトバ部門
1	ストーリーエフェクト（Instagram）	きまZ
2	CapCut	Let it be
3	SHEIN	~もろて
4	Qoo10 ★	平成ギャル
5	UNIVERSE ★	超チルなラッパー

出所：株式会社AMF調べ（2021年11月29日発表）

という2つのキーワード」、ニッセイ基礎研究所ホームページ、2021年12月15日)。このうち、モノ部門2位の「イカゲーム」も「渡韓ごっこ」とともに、説明の必要はないだろう。

廣瀬氏によれば、ヒト部門の1位の「INI」は韓国のオーディション番組の日本版からデビューした男性アイドルグループ、モノ部門1位の「Girls Planet 999」は韓国の音楽専門チャンネルによる日中韓ガールズグループオーディション番組、同5位の「トレカデコ」は好きな韓流アイドルなどのトレーディングカードをシールやペンでデコレーションする行為である。アプリ部門4位の「Qoo10」は韓国を中心とした海外の韓流ファッションやコスメを販売するアプリ、同5位の「UNIVERSE」は韓国アイドルのミュージックビデオなどの映像を日本語字幕付きで視聴できるアプリである。

AMF(2020年11月30日発表)による前年の「2020年の流行語大賞」でも、女子中高生が使う韓国由来の項目が3つもランクインしていた。ヒト部門1位の「NiziU」、同4位の「JO1」、コトバ部門1位の「きゅんです」であった。

この3つについても説明が必要であろう。NiziU(ニジュー)は日本出身の9人で構成される女性アイドルグループで、韓国型オーディション「Nizi Project」で誕生した。「JO1」は2021年ヒト部門1位となった「INI」と同様に、韓国オーディション番組の日本版から誕生した男性アイドルグループだ。コトバ部門1位の「きゅんです」は嬉しさや有り難みを表現する時に指でハート型を作る仕草で、韓国のアイドルがファンに向けて使っていたものが、日本で浸透したと言われている。

NiziUを生んだ Nizi Project とは、韓国芸能事務所のJYPエンターテインメントがソニー・ミュージックエンタテインメントと連携して、アイドルの発掘・育成を手掛けたプロジェクトだ。日本国内8都市と米国2都市で、地域オーディションを実施し、日韓両国での合宿を経て、1万人余りの応募者を9人に絞り込み、2020年12月2日にNiziUとしてデビューさせた。オーディションでの選抜や育成過程は日本テレビの情報番組で公開されてきたので、デビュー前から流行語入りしていた。そして、同年のNHK紅白歌合戦への出場も決めていた。

デビュー直前の『日経産業新聞』（2020年11月30日付）が、「そこには憧れと共感で世界を魅了するK-POPが磨いてきた成功方程式が生きる。ソニー・ミュージックエンタテインメント（SME）も引き込む緻密な戦略が日本の音楽産業にも変化を突きつける。感染症で暗く沈んだ2020年、アイドル業界に彗星のごとく現れたNiziU。その人気は飛ぶ鳥を落とす勢いだ」と評するほどだった。

Nizi Project の総合プロデューサーは朴軫永《パクジニョン》を本名とする1971年生まれの男性で、J.Y.

Parkと名乗っている。この人物がオーディションで見せた言動が、日本の中高生や大学生などの若者（特に女性）などの韓国人観に少なくない影響を与えていると、筆者は見ている。「プロデューサーのJ.Y.Park氏が少女らにかける言葉がとにかく刺さるのです。言語化の神なんです。言い表すのが難しいことを、的確な言葉で相手に伝える」（犬山紙子「上司にしたい！『言語化の神』J.Y.Parkの言葉が心に響く理由」、ウェブマガジン『FRaU』、２０２０年7月４日）などと、ティーンエージャー以上をターゲットとする媒体でも話題となった。どんな言葉を発するのか。「短所がないことより特別な長所が1つあることがもっと大切」、「過程が結果を作り、態度が成果を生む」、「真実・誠実・謙虚」、「自分自身と戦って、毎日自分に勝てる人が夢を叶えられます」、「頑張った人と頑張らなかった人はすぐにわかる」といったものだ（「NiziU生みの親J.Y.Parkの名言が胸アツ！　心に刺さるフレーズ7選」、『sweet』２０２０年11月号）。

NiziUから考察する日韓関係への「眺め」

筆者には、日本の地方都市をオーディションで回って、日本の若者に響く言葉を発するJ.Y.Park氏が「現代の朝鮮通信使」のように映った。朝鮮通信使とは、１６０７年から１８１１年まで12回にわたって当時の李朝が徳川幕府へ送った使節団だ。対馬から江戸までの道筋

（12回目だけ対馬止まり）では、日本の儒者などとの交歓があったほか、庶民は異国の文物を見物して、文化的な影響を受けたという。

『文藝春秋』（２０２１年１月号）の特集「日本を動かす21人」には、グループであってもNiziUが数えられ、「日本芸能界に来た『黒船』」として、J.Y.Park氏の「凄さ」が論じられている。アーティストであり、音楽プロデューサーでもある西寺郷太氏の論考だ。西寺氏は、朝鮮通信使とは評していないが、日本への新しい文化的影響を次のように予見する。

「韓国の慶應大学」と呼ばれる伝統を持つ名門私立大学「延世大学校」で地質学を専攻し、大学院では政治学を学んで歌手となった異色の経歴を持つ探求肌のＪ・Ｙ・パークさんだからこそ、彼女たちの編曲や響きは二〇二〇年的でキャッチーながらも、ソング・ライティング自体は過去のポップ音楽からの正しい引用と咀嚼に満ちていて正統なんです。／替えの利かないアイドルNiziUと、アイドルを商品でなく人として育てるプロデューサーの存在が、今の時代が必要としている新しいエンターテインメントとなって浸透したわけですから、NiziUはまさに日本の芸能界にとって「黒船」的存在。これによってアイドル業界の旧態依然とした部分が変化し、パラダイムシフトが起こるはずと嬉しく思っています。

興味深いことに、元外務審議官で、外務省のアジア大洋州局長時代の2002年に史上初の日朝首脳会談（小泉訪朝）を実現させた田中均氏が、「Nizi Project から日韓関係を考察する」というテーマで『毎日新聞』電子版（2020年11月4日付）へ寄稿していた。

「翻って日韓の政府関係にはNiziUで感じるような日韓が相補う姿は見えないことが悲しい。両国政府は決して相手の良さを見ることなく、相手を非難する悪循環に陥ってから久しい時が経過している」と当時の状況を憂い、「Nizi Project は、日韓の協働が可能であり、お互いが補い合うことができる関係を作れることを象徴する例ではないかと感じている。国民は遠さよりも近さを意識していると思うし、こうしたムードを反映して、今後両国政府が日韓関係の仕切り直しをしてくれることを切に願いたい」との提案だった。

NiziUとJ.Y.Park氏の活躍は、コロナ禍で若者が中心となって日韓の人々が補い合う形で活発化させた二国間のボーダレスな大衆文化交流を示した一方で、政治・外交面では最悪状況を抜け出せずにいる歪んだ両国の関係性を浮き彫りにさせたと言ってよい。

ところで、田中氏の記事が『毎日新聞』電子版で配信され、西寺氏による文が掲載の『文藝春秋』が発売された年末（2020年12月31日）の紅白歌合戦（第71回）には、NiziUが初出場した。NiziUは第72回（2021年）に再出場を果たしたが、この年の韓国からの出場者はゼロだった。２０２１年の年間音楽ソフトのセールス動向をまとめた『オリコン年間ランキング２０２１』を見ると、「アルバムランキング」の25位以内に韓国勢による作品が８つ（NiziUを含めると９つ）を占め、K-POPが台頭している時期だった。それだけに、２０２１年の「韓国からの出場者はゼロ」は、韓国との政治・外交関係が最悪である状況からの「政治」への付度だったのではないかという疑念が拭えない。

米国の日本政治研究者による『ＮＨＫ vs 日本政治』（エリス・クラウス著、後藤潤平訳、東洋経済新報社、２００６年）という本が出版されているほど、紅白歌合戦を放映するＮＨＫと政治との距離は常に取り沙汰されてきたテーマである。時の会長による政権への忖度発言や報道番組での取材や報道のあり方は言わずもがなだが、教養番組や娯楽番組でも聞こえてくる。

たとえば、東京五輪開催に反対するデモがカネで動員された運動だったと受け取られる字幕入りでドキュメンタリー番組を放映したのも２０２１年だった。２０１５年には、新春お笑い番組で政治家に関するネタを披露しようとしたところ、全てボツにされたと爆笑問題（お笑いコンビ）が他局のラジオ番組で明かした……といったニュースもあった。

実は、韓国の大統領が竹島に上陸して日韓間の政治・外交関係が急激に悪化した２０１２年の紅白歌合戦（第63回）も「韓国勢」はゼロとなり、この状況が２０１６年まで続いた。もちろん、紅白歌合戦の場合、「韓国勢」を出演させると、首相官邸に睨まれてしまうから、特定の政治家が怒り出して怖いから、NHKが躊躇したということはないはずだ。日本社会での隣国への好ましく思わない空気感を、NHKは重視したのであろう。政治家を意識した特定の報道での忖度、東京五輪のドキュメンタリー、政治家ネタのお笑い番組とは異なろう。

『日経産業新聞』（2012年12月7日付）によれば、2012年当時、音楽ソフト会社にとって韓国人歌手はドル箱と言われていたにもかかわらず、NHKが紅白歌合戦に韓国人アーティストを出場させないことを記者会見で問われると、松本正之会長が「今年の活躍、世論の支持、番組の企画演出の3点を基準に歌手を選んだ。政治問題は関係ない」と強調していたという。

第一章で述べたように、「外交に関する世論調査」（内閣府）で「韓国に対して親しみを感じる」が、2012年は前年（62・2％）よりも20ポイントも急落して39・2％となった。「政治」をどう定義するかによって異なるが、こうした空気感の忖度も「政治」と言ってよいのかもしれない。「今年の活躍、世論の支持、番組の企画演出の3点」のうち「世論の支持」とは、歌手の実力をめぐる「文化」的な評価ではなく、「政治」に起因する空気感を意味するということだろうか。

逆に、日韓間の政治・外交関係が改善すると「韓国勢」が増えた。第73回（2022年）は

5組、第74回（2023年）は6組、第75回（2024年）も6組が出場した。これも、おそらく「政治」と無関係ではないであろう。日韓間の外交関係が改善に向かい、日本社会の空気感に変化があったことが背景にあると考えるのが自然だろう。毎回5、6組は出場していた旧ジャニーズ事務所（現SMILE-UP.）所属タレントが、第74回では皆無となった。これも、故ジャニー喜多川氏による性加害が問題となって、空気が一変したからである。

「政治と文化」が不可分とは言えない紅白歌合戦の出場者選定なのである。この点についても、『日韓の未来図　文化の熱狂と外交の溝』で詳述したので、参照してほしい。

2. 旅行先としての日本

コロナ明けで「いざ韓国へ」

コロナ禍は人々の流れを遮断した。国内であれ、国外であれ、また、あらゆる目的（商用、観光、公務、会議出席、調査、就労、親族訪問……）の旅行が、事実上、制限された。日韓間の人の流れも例外ではなかった。**図11**の2020～21年あたりを見ると、それは明らかだ。

2020年はコロナ感染が拡大し始める3月以前には、往来に大きな制限はなかったため、日本人の訪韓者数、韓国人の訪日者数ともに、通年でそれぞれ40万人台を記録したが、前年比で前者は86・3％減、後者は91・3％減であった。同年3月から4月にかけて、日韓両国政府は外国からの入国者に指定場所で一定期間待機させる措置、発給されたビザを無効化させる措置、入国拒否対象とする措置など、段階的に「水際対策」を強めていったことが、激減の背景だ。2021年になると、それぞれ1万人台にまで落ち込んだ。

　そして、コロナの流行も下火になりかけた2022年は「水際対策」が徐々に緩和されて、日本人が韓国へ30万人、韓国人が日本へ101万ほどそれぞれ渡った。

同年の初夏、「K-POPにはまったので韓国へ行きたい」などと、東京・南麻布の韓国大使館の総領事部前に並ぶ若者の姿が、テレビや新聞で大きく報じられた。「新型コロナ　海外旅行じわり復調　渡航制限緩和、ビザ発給に列」を見出しとする『毎日新聞』（2022年6月17日付）の記事には、韓国への旅行が可能となり、ビザを求める人々が押し寄せた様子がリポートされている。韓国のボーイズグループTOMORROW X TOGETHERのライブに行く計画を立て、「早く実物に会いたかったので、渡航できることになってうれしい」と述べる大学2年生の女性の話、「まだおおっぴらに海外に行くとは言いづらい雰囲気」と述べる、K-POP好きの30代女性会社員の話などが出ている。

前月に尹錫悦政権が発足したばかりであり、この段階では、日韓間の政治・外交関係の改善が不透明な時期であった。それだけに、韓国入国ビザを求めて行列する若者の光景は、一定の層へは韓国大衆文化の魅力が、韓国入国へのpull要因として作用していると実感できるものとして映った。

２０２２年は8月から期間限定で、韓国政府が日本、台湾、マカオの観光客のビザなし入国を許容するようになり（その後、期間が撤廃され対象国・地域も拡大）、日本政府も同年10月から韓国を含む68カ国・地域を対象に観光などで訪れる短期滞在者のビザなし入国を認めるようになった。

実はコロナ禍の期間中、オンライン授業で接した大学生の様子などから、そのような感触は得ていた。コロナ禍の日本のお茶の間でNetflixを通じて「愛の不時着」や「イカゲーム」を視聴した人が多かった。そのような状況下だった２０２０年暮れに「コロナが明けたら、日韓交流はどうなると思うか」と、筆者が講義をしている静岡県立大学と慶應義塾大学の学生へ投げかけたことがある。すると、悲観論よりも、楽観論のほうが多かった。

たとえば、『愛の不時着』をはじめとする韓国ドラマが今日本を席巻している理由の一つには、やはりステイホームの措置でドラマを見る時間を確保できる人が多くなったことにあると思う。このようなエンタメが韓国への興味に繋がり、コロナ収束後に訪れたい国ランキングでも韓国は1位を占める」、「この状況下で気軽に行き来できないからこそ、改めて相手国への関心がチャージされ、今後のエネルギーになるのではないかと思う」、「(ある場で)新しい日韓交流のカタチを議論しているが、日韓のウェブトゥーンを掲載するプラットフォームを作るという案や、若い世代対象の交流プログラム増進など新しいアイディアが次々と出されており、コロナ渦だからといって悲観するのはもったいない」といった意見だった。当時、2019年の政治・外交対立から時間が経っていないので、あまりにも前向き過ぎると感じたが、楽観論が現実となっており、彼ら/彼女らのほうが先見の明があったということになる。

両国間の人的往来をめぐるpullとpush

図12は韓国人の訪日者、全外国人の訪日者、日本人の訪韓者の前年比伸率の推移(2011～19年)を比較したものである。2019年は年間を通じて、韓国人の訪日者数は前年比25・9%減となったが、これは東日本大震災があった2011年以来のマイナスであった。一方の日本人の訪韓は2018年の27・6%増、2019年も11%増と2桁のプラス伸率であっ

図12　韓国人の訪日・日本人の訪韓者数等の前年比伸率

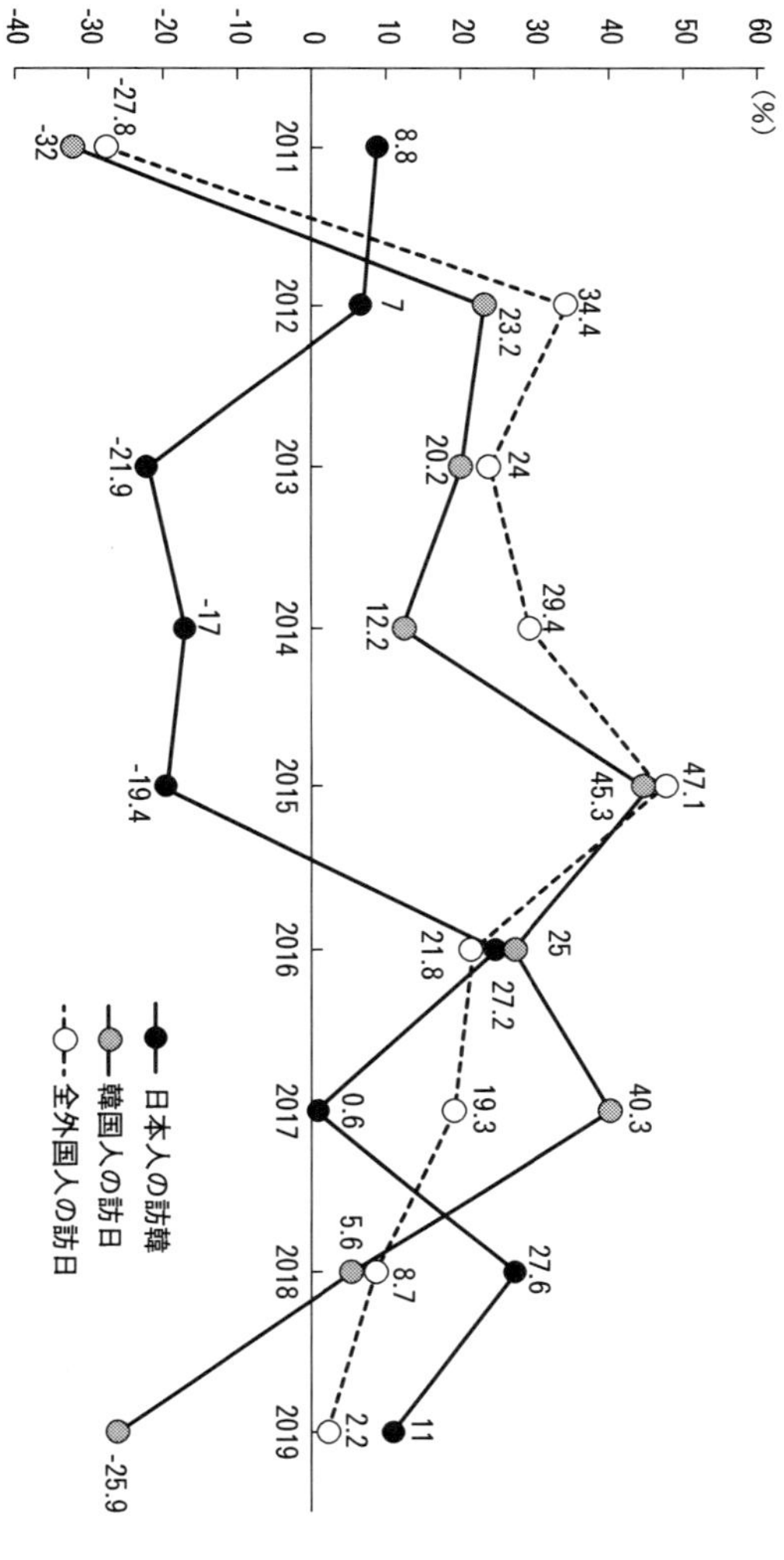

出所：日本政府観光局（JNTO）、韓国観光公社（KNT）の各統計より作成

た。日本国内でも、2018年頃からの日韓間の政治・外交関係のギクシャクによって、韓国に対する「いら立ち」、「してやられた感」、被害者意識がくすぶっていたにもかかわらず、である。

2019年だけを見ると、日韓間の政治・外交の悪化は、韓国人の訪日には影響を与え、日本人の訪韓には影響を与えないという一般的な仮説を立てたくなるが、そうであろうか。もう少し長いスパンで日韓の往来者数の推移を見てみよう。**図13**は日韓間の往来者の実数（1986〜2024年）をまとめたものである。2013年までは日本人の訪韓者数のほうが、例外的な2007年を除くと、韓国人の訪日者数よりも一貫して多かった。

日韓間の人の流れは何に規定されるのだろうか。一人ひとりの旅行動機は異なるので、厳密な答えを出すのは難しいが、類推はできる。前述した2020〜21年の激減がコロナ禍という社会要因であることは自明だ。では、「例外的な2007年」の時期は何か。結論を言えば、主に経済要因である。内閣府が発行している白書のひとつである『地域の経済2008』は、2006年3月から制度化した韓国人入国者へのノービザ措置、日韓間の航空路線の新規開設・増便のほか、為替レートが2006〜07年が円安・ウォン高基調だったことを指摘して、「韓国人からみると、日本への海外旅行に値頃感が出ていた」と分析している。そして、「200

図13　日韓間の往来者数推移（1986年～2024年）

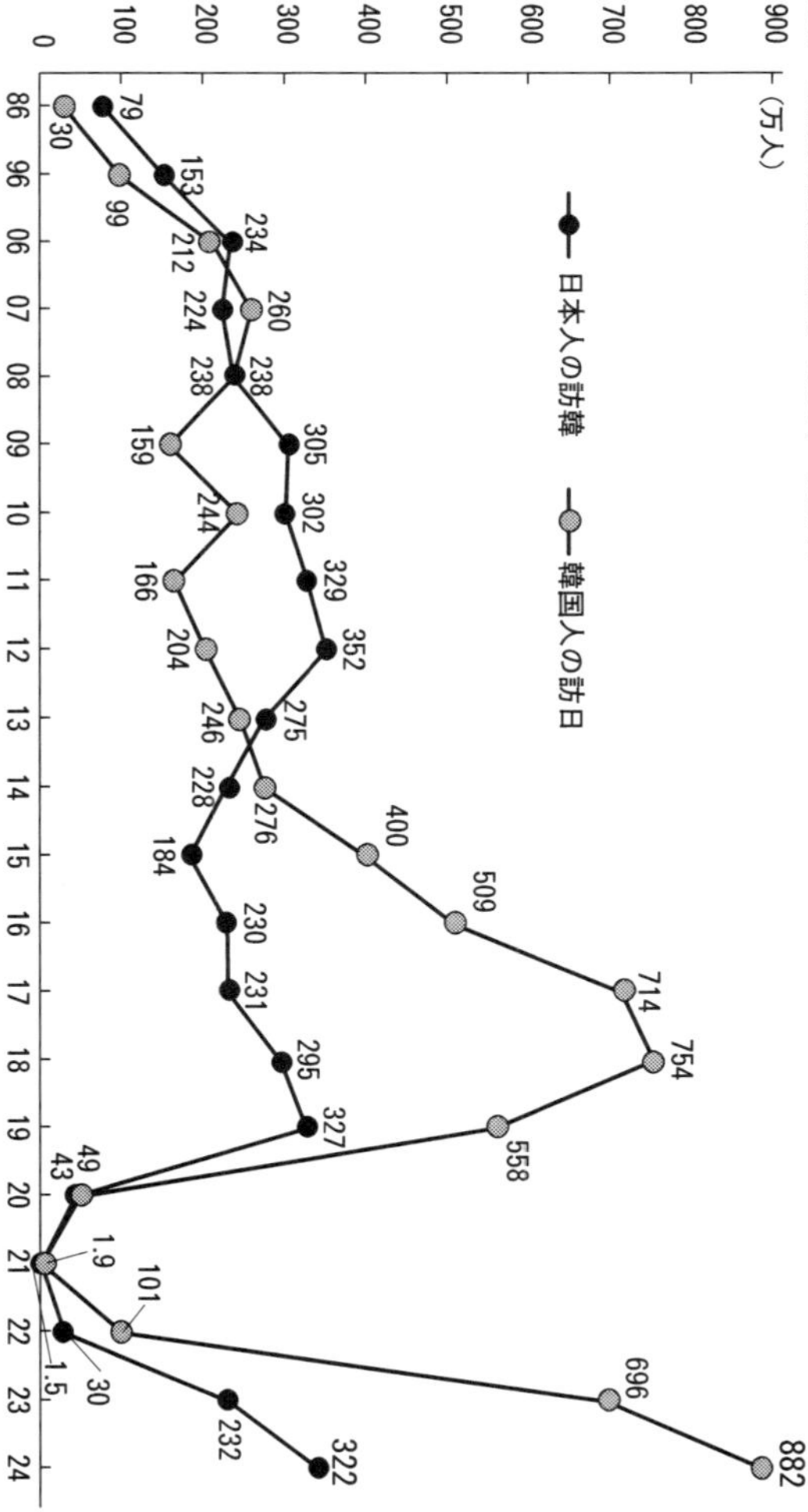

出所：図12に同じ

8年に入り、円高・ウォン安基調へと変化する中で、韓国からの入国者数が7月以降、減少している」とも書いている。

さらに2009年まで韓国人の訪日者の減少が続いたのは、リーマン・ショック（2008年9月のリーマン・ブラザーズの破綻を契機とした経済危機）の影響だと見るのが妥当で、これも経済要因だ。2010年に一度回復したものの、2011年は東日本大震災という社会要因で激減した。同年は、韓国（前年比で32％減）からだけでなく、アジアではシンガポール（同38・5％減）、タイ（同32・5％減）からなど、ヨーロッパではフランス（同36・8％減）、ドイツ（同35％減）からなどが、30％台の減少率を見せた（全体で27・8％減）。

ところが、**図12**と**図13**をあわせて見るとわかるが、韓国人の訪日者は2012年から2018年までハイペースで増加した。特に、2017年は前年比で40・3％増、実数で205万人増であった。その背景として、かつてほどではないものの、この期間も2〜3％の経済成長を続け、韓国が豊かになっていったということもあるが、それよりも2012年12月に発足した安倍政権による積極的なインバウンド政策が奏功した面が大きいであろう。訪日した韓国人の伸率は、訪日した全外国人の推移とおおむね同じような増加傾向を見せた。日本への外国人の入国者数は、2012年が836万人だったが、2019年には3188万人と4倍近くに増えており（日本政府観光局統計）、インバウンド政策の成果が確実に出た時期だ。

人の流れには、送り出し国のpush要因と受け入れ国のpull要因が作用する。韓国には経済的に豊かになって、海外旅行熱も高まるpush要因が、日本には積極的なインバウンド政策というpull要因が、2012年から2018年にかけて作用したと言ってよいであろう。

そして、興味深いことに、この時期は日本で「嫌韓」感情が高まる時期だった。2012年に李明博氏が竹島へ行き、2013年に大統領となった朴槿恵氏は「告げ口外交」と揶揄されるほど、第三国でも日本の歴史認識に関して問題提起する発言を繰り返していた。第1章の**図3**で見たように、内閣府「外交に関する世論調査」で韓国に対して「親しみを感じる」とした日本人が2011年は62・2%に達していたのに、2012年以降は30%～40%台に落ち込んでいった。つまり、日本における「嫌韓」感情とは反比例する形で、韓国人の訪日者数が伸長していったこととなる。そもそもが、日韓間の政治・外交関係がギクシャクしていた時期だったが、日本からのpull要因には影響を及ぼさなかった。さらに、日本への旅行だけでなく、韓国人の国内での対日行動（居酒屋ブーム、観客動員数367万人を記録したアニメ「君の名は。」の大ヒットなど）も、政治・外交関係とは連動しなかった。むしろ、こうした対日行動が日本を旅することへのpush要因にもなったであろう。

2019年の訪日者激減だけは、「No Japan」キャンペーンによって、例外的にpush要因がなくなり、むしろマイナスに作用したということだろう。キャンペーンは、日本旅行への「踏み絵」のように作用した。韓国人の訪日者数が、前年同月比で6月は0・9%増、7月は7・6%減だったが、8月は48%減、9月は58%減、10月は65・5%と半減していった(日本政府観光局統計)。両国間の政治・外交関係の悪化による余波が、韓国から日本への人の流れに及んだのは、明らかだった。新聞の一面トップ(**写真2**、『毎日新聞』2019年9月19日付)になるほどのインパクトがあった。

整理すると、韓国人の訪日者数は政治・外交関係の悪化が、そのまま比例して直撃するわけではないが、韓国社会の内部で「No Japan」のような動きが出ると、日本旅行への「はばかられる感」が働き、push要因にブレーキがかかってしまうということだ。

一方、日本人の訪韓者数の場合、政治・外交関係との連関性が長い間、見てとれた。李明博氏の竹島行きの翌年(2013年)、訪韓数が前年比21・9%減と激減し、2014年が同17%減、2015年が19・4%減と落ち込んでいく流れは、政治・外交関係の悪化と比例していた。日韓間の政治・外交の悪化は、日本人の訪韓には影響を与えてきたが、2018年と2019年は違った。政治・外交の悪化に動ずることなく、韓国旅行を行う「層」が増えたと

写真 2

MAINICHI
毎日新聞
9月19日(木)

訪日韓国人 先月48%減
日韓対立長期化響く

いうことだ。

　では、どのような層なのか。韓国観光公社の統計によれば、訪韓した日本人のうち年齢層では、21―30歳が2018年は25・4%、2019年は28・3%とそれぞれトップであった。11―20歳の層と合わせるとそれぞれ35・1%、38・4%を占める。2013年はトップが41―50歳で、21―30歳が19%に過ぎず、11―20歳の層と合わせても24・7%だけだった。一方、性別ではどうかというと、女性が2018年は62・7%、2019年は65・3%を占め、それ以前は50%台で推移し、60%を超えることは一度もなかった。若年層と女性が訪韓者の多数派ということを考えると、K-POPなどのファン層を中心した韓国旅行が多くを占めた可能性がある。

つまり、政治・外交関係の悪化には影響されないほど、韓国大衆文化の魅力が一定の層へはpull要因として作用したと考えられる。

「日本旅行ブーム」と経済的効果

「ソウル路線が到着すると、レンタカーがずらっと並ぶんですよ」――2023年5月の韓国出張から戻った際、静岡空港で乗り込んだタクシーの運転手さんが、車窓を指さしながら、筆者へ教えてくれた。見ると、「わ」ナンバーの車がたくさん止まっている。

アジアから日本へ来る観光客といえば、団体ツアーで貸し切りバスを使って回るようなイメージもあるが、韓国から日本へはパッケージツアーのほか、FIT（Foreign Independent Tour）とよばれる個人旅行客が多くなった。首都圏のようには公共交通機関が便利でない地方を回るには、レンタカーはうってつけであろう。

旅行中に現地で使うカネはFITのほうが、団体ツアー客やパッケージツアー客より多額となるのが一般的だ。韓国からの訪日者は、FITが多い。国土交通省観光庁が2022年に入国した外国人（トランジット客、乗員、1年以上の滞在者、永住者、永住者の配偶者、定住者などを除く）を対象に実施したサンプル調査によれば、韓国からの訪日者のうち、86・2％

がＦＩＴで、その1人当たりの旅行中支出額が10万5256円に及び、団体ツアー客の3万6350円、パッケージツアー客の7万1767円よりもずっと多い（国土交通省観光庁『訪日外国人の消費動向　2023年／年次報告書』2024年）。静岡空港から入国して、レンタカー利用で東西に長い静岡県内を回ってから、静岡空港から出国してもらうならば、相当なカネが地元に落ちることになる。

コロナ明けと日韓間の政治・外交関係の復元に伴って、韓国人の日本旅行は加速化していった。日本側がノービザ措置を再開した当日（2022年10月11日）の聯合ニュースは、「大忙しの航空会社と旅行会社、日本ノービザで扉が開くや……日本行きのフライトは相次ぎ満席」という見出しの記事を配信した。**図13**のように、2022年も2023年も韓国人の日本行きは、日本人の韓国行きの3倍以上の実数に達して、いわば「日本旅行ブーム」のような現象が訪れた。2024年は800万人を越えて過去最高の訪日者数となった。「No Japan」で訪日者が激減した2019年夏のようなムードは過去の話となった。記録的な円安がpull要因になったが、日韓間の政治・外交関係の改善もpush要因となった。コロナ禍という「冷却期間」が2年以上あったことも、プラスに働いたのかもしれない。

国土が広くなく、陸の交通網も整備されている韓国の航空産業にとって、前述したような2

019年の訪日客激減による運休・減便は、経営面でも小さな問題ではなかった。「日本便をドル箱路線としている航空会社の打撃は大きかった。そこに新型コロナウイスルの感染が追い打ちをかけた」という（渡邉雄一・安倍誠「韓国はコロナ対策の優等生なのか？——『K防疫』と新たな成長戦略の模索」、佐藤仁志編『コロナ禍の途上国と世界の変容：軋む国際秩序、分断、格差、貧困を考える』日本経済新聞出版、2021年）。

国土交通省が2024年11月9日に発表した資料によれば、成田、羽田、関西、中部、福岡、新千歳、那覇という基幹空港だけでなく、旭川、青森、仙台、新潟、小松、静岡、米子、岡山、広島、高松、松山、北九州、佐賀、長崎、大分、熊本、宮崎、鹿児島などの空港でも、2024年冬期ダイヤ（2024年10月27日~3月29日）までに、韓国との間の国際旅客定期便が復活した。日本を発着する国際線定期便（5178便）のうち、韓国路線（1291便）はトップで、コロナ禍前である2019年冬ダイヤに比べると66％増である。

前述した静岡空港からのソウル便も2023年3月28日に復活した。これが同空港にとってはコロナ禍で中断した国際旅客定期便のうち最初に復活した路線だ。地方の国際的な文化交流や人的交流にとって、国際空港の位置付けは小さくなく、日韓間の路線は重要なのである。

コロナ禍後の韓国人の日本行きは、若年層が圧倒的に多い。国土交通省観光庁のサンプル調査によれば、20代以下が38・9%、30代が33・2%であった。特に、20代以下が占める割合が、台湾（21・7%）、香港（25・3%）、中国（29・6%）よりもずっと高い。2022年のデータだが、2023年以後も日韓路線の機内を見渡すと、若い韓国人が多数を占めることが実感できる。「日本旅行ブーム」は、若年層が主導しているのである。

ワンダーラスト（wanderlust）という社会学などで使われる言葉がある。放浪願望とか、旅行願望という意味で、一般に若年層のほうがその願望は強い。この言葉をもじって、「ワンダーロスト症候群（Wanderlost Syndrome）」という造語がコロナ禍で登場したそうだ。旅行に行きたくても行けないことで起こる禁断症状を指す。

世界的な旅先体験予約サイトKLOOKが2020年11〜12月、アジア太平洋地域の13市場で1万5323人を対象に調査したところ、海外旅行に行けない現状について「不満に感じる」と回答した人の割合（%）は、国・地域別に多い順に次の通りだったという。香港77、韓国72、シンガポール71、フィリピン69、台湾65、ニュージーランド61、マレーシア59、豪州58、ベトナム51、タイ38、中国37、日本36、インドネシア26（「KLOOKが『ワンダーロスト症候群』に関するアジア太平洋13市場の調査結果を発表」、PR TIMESホームページ、2021年1月14日）。

韓国は2番目に高く、日本は2番目に低いことが目を引く。その割合も韓国が日本のちょうど倍である。「半島人は欲望を積極的に追求し、列島人は欲望を抑える傾向が強い」（ロー・ダニエル『「地政心理」で語る半島と列島』、前掲）という、両国のメンタリティーの差を物語るようだが、コロナ禍後、韓国人の日本行きが日本人の韓国行きの3倍以上となっていることも頷ける。これは日韓間の人的往来に限らず、海外への出国者数が、韓国は人口が日本の半分以下であるにもかかわらず、日本よりもずっと多い。日本政府観光局と韓国観光公社の統計によれば、2023年の海外への旅行者数（両国にとってのアウトバウンド）は、日本が962万人（うち約24・1％の232万人が韓国へ）であり、韓国は2272万人（うち約30・6％の696万人が日本へ）であった。

日本にとって、2023年のインバウンド客は2507万人に達したが、おおむね約3割が韓国人だったということになる。それだけ、経済的な効果があったわけで、2023年の国土交通省観光庁による訪日外国人消費額調査によれば、来訪者の国籍・地域別で韓国7392億円（シェア13・9％）、中国7604億円（14・3％）、台湾7835億円（14・8％）がトップ3で、大差ない額であった。コロナ禍前の2019年と比べると、韓国は74・1％増であり、55・5％減となった中国はもちろん、台湾（43・2％増）よりも増加率が高かった（『訪日外国人の消費動向　2023年／年次報告書』、前掲）。2019年に韓国で「No Japan」キャンペーンがあっただけに、その反動ぶりが数値からもわかる。

地方の国際交流において、観光交流はインバウンド客が地元で消費してくれることによる利益享受があり、比較的わかりやすい。地方空港がソウル便などの外国との間にフライトがあれば、短期的な経済的効果を得ることができる。

アニメヒットによるオーバーツーリズム

ただし、インバウンド客が地元で消費してくれないケースも少なくない。これを「ゼロドルツーリズム」と呼ぶ識者（米国生まれの東洋文化研究家アレックス・カー氏）もいる。たとえば、富士山観光が地元にカネが落ちないゼロドルツーリズムと指摘されていることを受け、山梨県庁は富士山5合目での消費額調査を、観光客へ国籍は問わずに本格的に実施することになった（『山梨日日新聞』2023年9月2日付）。静岡県側では、半袖や短パンで富士山を登ろうとする外国人観光客への対応に行政が苦慮しており、これを報じる『毎日新聞』（2023年8月13日付）の地方版（静岡）には、「マナーがもうめちゃくちゃ。（一睡もせずに山頂を目指す）弾丸登山は本当にやめてほしい」との山小屋を営む男性の声が紹介されていた。いわゆる

「オーバーツーリズム」問題のひとつで、京都などでは路線バスが外国人観光客であふれて一般住民が乗れないという。「オーバーツーリズムの一番の対策は分散化だ」（崎本武志・江戸川大学教授、『読売新聞』２０２３年8月13日付）というが、外国人観光客の行き先の選択肢を増やすのは一朝一夕にはいかない。

韓国では、オーバーツーリズムは漢字語で「観光公害」と呼ばれ、日本で問題になっていることが知られている。日本旅行ブームとなった２０２３年夏は、「円安まで重なり入国者１０００万……日本『観光公害』悲鳴」（『朝鮮日報』２０２３年7月22日付）、「『観光収益か、観光公害か』……中国人団体観光客解禁に内心は複雑な日本」（『ソウル新聞』２０２３年8月13日付）などと、多くのメディアが報じた。特に、アニメ映画「THE FIRST SLAM DUNK」の空前のヒット（観客動員数が２０２４年5月22日現在で４８８万人）を受け、ゆかりの地である鎌倉へ韓国人観光客が押し寄せて、その行動ぶり（踏切での写真撮影、危険な車道歩き、無神経なゴミ捨て、立ち小便）を問題視する発信も、ネットメディアで拡散されている。

こうした自虐的（？）な報道は、どんどん発信されるべきである。なぜならば、啓蒙を期待できるからだ。「ロンドンの目抜き通りは日本人観光客でいっぱいだ。身だしなみは立派だし、おカネもある。だが、評判はどうもよくない。ヨーロッパ人の尺度から見ると、お行儀が悪いと映るからだ」とは、30余年前の『日本経済新聞』（1990年4月25日付、夕刊）に掲載されていたコラムの一部だ。日本では80～90年代に寺院での無神経な写真撮影、機内での泥酔、現地添乗員への態度など、日本人海外旅行でのマナーを指摘する記事が多かった。こうした自虐的な記事が日本人を啓蒙していったのか、2000年代以降は類似の記事が減少していく。

3．レッテル貼り先としての日本

綾瀬はるか氏が右翼？ 韓国社会のレッテル貼り

「君の名は。」、「THE FIRST SLAM DUNK」といった日本のアニメが大ヒットしたことを先に触れたが、韓国では2021年1月に封切りした「劇場版『鬼滅の刃』無限列車編」（観客動員数が2024年5月22日現在で219万人）も大ヒットした。

その際、主人公（炭治郎）の耳飾りが「旭日旗」に似ていると、封切り前からインターネット上などで論争となった。配給側は、耳飾りの旭日模様を横線に修正して上映するという事態となった。このアニメの作者と制作者側にわざと「旭日旗」を忍ばせようとする意図などもあ

写真 3

UN참전기념탑에 욱일기 조형물형상
우연인가? 의도적인가?

るはずもない。そもそも、筆者（小針）には「旭日旗」には見えないので、理解できない出来事だった。『日韓の未来図　文化の熱狂と外交の溝』に詳述したのでここでは書かないが、文化を「文化」として楽しまず、レッテル貼りのような指摘はおかしいとも感じた。

「旭日旗」をめぐっては、韓国国内での政争の材料にも発展する。**写真3**は２０１９年8月、共に民主党の釜山市地区の幹部が、市内にある国連軍参戦記念塔を航空写真（左）で上から見ると、旭日旗（右）と似ているので、こうなった経緯を真相調査する必要があると記者会見した際に使ったボードである。「偶然なのか？　意図的なのか？」と書かれている。追及を受けた釜山市は、「記念塔から放射線状に伸びる16本は朝鮮戦争で国連軍として参戦した16カ国を象徴するもので、旭日旗の16本の光線とたまたま一致しただけだ」と無関係を主張した。釜山の地元紙『国際新聞』（2019年8月12日付）によれば、この塔を1975年に制作した芸術家は著名な人であり、「文化界の一部では、（政治家が）反日情緒に便乗して芸術作品を恣意的に解釈しているとの反応が出た」という。

2023年4月には、尹錫悦大統領が釜山で訪れた刺身屋の店号が「日光」であったことから、これも政界やメディアの一部が旭日旗との連想で問題視するという笑えない話もあった。また、「旭日旗」ではないが、「右翼作詞家」とレッテル貼りをされた著名人の創作活動を規制する騒動もあった。2018年11月、秋元康氏が作詞を手がけた新曲を、BTSが日本で発売予定だったのに、BTSのファンクラブからの激しい批判によって、発表からわずか3日後に中止になってしまったのだ。同氏が安倍総理と親交があったことが根拠らしい。このことも『日韓の未来図　文化の熱狂と外交の溝』で詳述したが、こうした日本の著名人や芸能人に対する韓国社会でのおかしな評価を時々目にする。

たとえば、俳優の綾瀬はるか氏について、韓国のSNS上で「右翼だ」や「極右だ」と俎上に上ったことがある。2020年7月、綾瀬氏と韓流俳優のノ・ミヌ氏の熱愛説を日本の週刊誌（『女性セブン』）が報じると、これを韓国メディアも引用報道した。すると、「綾瀬はるかは右翼芸能人ではないのか」といった言説が散見されたのだ。

綾瀬氏のどこが「右翼」なのか。天然エピソード（？）も多く、そもそも彼女から政治性すら感じない人が多いのではないか。「右翼説」について触れている当時の韓国での報道には、次のようなものがある。「国内では右翼説（原文は「右翼論難」）がまた広がっている。綾瀬はるかは、２００5年と２０１０年にＴＢＳ系列で製作された右翼性向のドキュメンタリーに、連続して出演したことがある。また、彼女のフィルモグラフィーの中で、映画『戦国自衛隊１５４９』、ドラマ『南極大陸』は、国内では敏感な事案とされる日本の過去を美化する内容が盛り込まれている」（「ノ・ミヌ、綾瀬はるかと熱愛説で近況→右翼説」、ｉＭＢＣ芸能、２０２０年7月1日）。

これは放送局ＭＢＣが運営するサイトからの引用だが、『スポーツ東亜』などほかの大手メディアも含めて共通しているのは、２００5年と２０１０年のＴＢＳでのドキュメンタリー、『戦国自衛隊１５４９』、ドラマ『南極大陸』が右翼説の根拠に挙がっている点である。

『戦国自衛隊１５４９』（東宝）は戦国時代へタイムスリップした陸上自衛隊が、戦国武将と戦うＳＦもので、過去を美化するようなものではない。自衛隊の協力で撮影された模様だが、その存在意義が強調されているわけではなく、「右翼性」もない。『南極大陸』（ＴＢＳ）は昭和30年代の敗戦国日本を舞台に、南極観測を目指す地質学研究者（木村拓哉）を主人公とする内容だ。「日本再生」がモチーフにあるが、国粋主義的な内容でもない。念のために、『朝日新聞』、『毎日新聞』、『読売新聞』の3紙でのそれぞれの映画評やドラマ評を見たが、政治性を指摘するようなものはなかった。

それでは、TBSのドキュメンタリー番組2本とは何か。「戦後60年特別企画～〝ヒロシマ〟」(2005年8月5日)と、NEWS23クロスの特別企画(「綾瀬はるかがたどる戦争の記憶～65年目の証言～」2010年5月10日、「綾瀬はるか『戦争』を聞く～真珠湾に散った恋～」同年12月12日など)を指すものと思われる。

2005年のものはジャーナリストの筑紫哲也氏と一緒に進行役をしており、当時の『毎日新聞』(夕刊、2005年8月5日)によれば、「戦争終結へと進んでいたはずの日米両政府が、どうして原爆投下を止められなかったかを検証する」という内容で、「戦争体験のある筑紫の世代から、戦争を知らない綾瀬の世代への体験の継承は、番組のもうひとつのテーマ」であった。この番組の延長線上にあるのが2010年のもので、綾瀬氏が自らインタビュアーになって戦争体験者の証言を伝える企画である。

「戦争」や「ヒロシマ」の番組に出れば右翼なのか

これらのドキュメンタリーを「右翼性向」、「日本の過去を美化」と判断する理由がまったく不明である。しかも、共に出演した筑紫氏は「右翼」とは対極にある代表的なリベラルなジャーナリストである。2010年の番組は、同氏（2008年に死去）がキャスターを務めたNEWS23の後身番組であり、どちらかと言えばリベラル色が強い。

2014年11月18日、NEWS23の番組中で「アベノミクスは感じていない。大企業しかわからへんのちゃう」といった批判的な声を中心とした街頭インタビューを、生出演していた時の総理の安倍氏に見せたところ、賛成の意見の取り上げが少なく、バランスが気に入らなかったのか、時の総理はキャスターに向かって、「街の声ですから選んでおられると思いますよ」、「事実6割の企業が賃上げしているんですから。これ全然、声反映されていませんが。おかしいじゃないですか」と声を荒げたことがある。そのようなカラーのニュース番組だ。

「右翼説」を流した韓国の当事者は、綾瀬氏が出演した番組のドキュメンタリーが「戦争」や「ヒロシマ」であることをネットなどで調べ、「どうせ日本の被害者意識を強調しているのだろう」と邪推するなどして、「右翼芸能人」のレッテルを貼ったのではないだろうか。

綾瀬氏が出演しているドキュメンタリーは、広島・長崎の被爆者、沖縄の地上戦経験者など日本国内の戦争被害者を扱ってはいるが、日本の加害者性にも向き合っている番組である。TBSは2013年以降もほぼ毎年、「綾瀬はるか『戦争』を聞く」シリーズをNEWS23の枠で放映しており、綾瀬氏にとってもライフワークになっている感さえあり、「反戦平和」のイメージを広島出身の同氏に抱いている人が多いのではないか。

ちょっと調べればわかるにもかかわらず、いとも簡単に「右翼」のレッテルが貼られる構造が韓国社会にはあると言わざるを得ない。

さらに言えば、右翼とは主張が正反対である日本共産党の機関紙『しんぶん赤旗』日曜版には、綾瀬氏への単独インタビュー記事が載っている。2017年12月10日号では、主演しているNHKドラマ「精霊の守り人～最終章」に関する語りが中心だが、「広島出身の綾瀬さん自身、ライフワークに民放番組で『戦争』を聞く仕事があります」と紹介され、TBSのドキュメンタリーへの思いも語っている。

ただ、『しんぶん赤旗』に出ているからといって、綾瀬氏は共産党の支持者でも、シンパでも、何でもない。共産党の立場とは大きく異なる、家電メーカーなど大資本の有名企業のCMにも多数出演している。それどころか、「CMの女王」と言ってよいほどの存在であり、そもそも政治性などはないのである。

ちなみに、『しんぶん赤旗』日曜版の芸能面の「ひと」欄には、同氏に限らず、大物から新人まで多彩な芸能人が登場する。ＡＫＢ48のメンバーや旧ジャニーズ系もいる。ＮＨＫ総合テレビの連続テレビ小説（いわゆる朝ドラ）のヒロインも、放映中に紙面を飾っていることがある。大政党機関紙とはいえ、政治的な発言を引き出すような意図もない記事ばかりだ。１００万部近く発行されている新聞だけに、俳優やタレントの所属事務所なども、広報面でビジネス的にも有用だという判断があるのではないか。

米倉涼子氏も、同紙のインタビュー記事に複数回、登場している俳優だ。面白いことに、同氏は自民党女性局の機関誌『りぶる』にも登場している。２０１６年11月13日号の『しんぶん赤旗』日曜版の「ひと」欄でインタビューを受け、２０１８年４月号の『りぶる』にはなんと党総裁（当時）の安倍氏との対談記事が載った。「左から右へ？」と思っていたら、同年11月25日号の『しんぶん赤旗』日曜版で主演ドラマ「リーガルＶ」に関して語っている。その後も同紙には、２０１９年11月10日号、２０２１年10月３日号と米倉氏が登場しているのだ。いずれも政治的な発言はない。

日本では、政党の機関紙誌に芸能人が登場するからといって、さらには、特定の政治家と対談するほどの交流があるからといって、必ずしも、その芸能人に政治色があるとはいえないのである。本人が無党派だからこそ、応じているということだろう。もちろん、特定の政治的理念を持っている芸能人は、自らとは反対の立場にある政党の機関紙誌でのインタビューや政治家の対談には応じないではあろうが。

このあたりの事情は、この後に詳述する「陣営論理」が支配する韓国社会とは異なる。簡単に言えば、韓国社会では政治的な分極化／分断が進んでおり、たとえば、特定の理念や支持政党が異なると、食事すら付き合わない、あるいは付き合いづらいという意識を持つ人が増えている。おそらく、同じ芸能人が保守政党の機関誌に出て、進歩政党の機関紙にも出るということは、いまの韓国ではないであろう。２０２３年夏、尹錫悦大統領の父が亡くなり、その弔問へ訪れたベテラン歌手盧士燕《ノサヨン》氏が、共に民主党の李在明《イジェミョン》代表の支持者からＳＮＳ上で激しくバッシングされる出来事があった。

こうした意識は日本では一般的でなく、日韓間のこうした差が理解されないと、日本の著名人や芸能人に対する韓国社会での安易なレッテル貼りは続くかもしれない。

「親日フレーム」を利用する韓国政界

秋元氏、そして綾瀬氏ら日本の著名人や芸能人に対する「右翼」というレッテル貼りも、繰り返すが「陣営論理」の延長線上だ。必ずしも、保守陣営か、進歩陣営かということではないが、対象を単純に「右」か「左」かなどと二分化する「分断」志向である。

そして、ある事象をめぐる「分断」は、「親日」か「反日」かという枠組みともダブることがある。韓国で「親日」と言った場合は、世界で使われている本来の意味の「親日（pro-Japanese）」ではなく、植民地時代に当時の大日本帝国へ協力した行為を指す意味で使われてきた。ところが、現代日本への好意、接点や現日本政府の政策への理解を指す意味（pro-Japanese）を、侮蔑的な意味合いを持たせて使う場合も見られるようになった。

文在寅政権下で特に広まったのは、「親日フレーム」という言葉だ。野党であった保守陣営が日米韓協力などを主張すると、政府与党を支持する進歩陣営が「陣営論理」によって、日本との接点を材料に枠（frame）で囲って、「親日」のレッテルを貼る。同政権下で常態化し、尹錫悦政権になったら、野党となった進歩陣営が、政府与党を攻撃する際に同様なことをしている。こうした進歩陣営の行為を、メディアは「親日フレーム」と評している。

たとえば、尹錫悦政権が日米韓の軍事訓練を実施した際、共に民主党の李在明代表は「極端的親日行為で対日屈辱外交に続く、極端的親日国防だと考えざるを得ない」（2022年10月7日）と批判した。これなどは、「親日フレーム」とよばれる状況の典型で、植民地時代ではなく、現代の日本との政策協力を「親日」と断じ、国民の反日感情を意識した線引きをして、政敵が「親日」という「フレーム」のなかにいるのだと印象付けたのである。

同党は、自党候補の李在明氏が出馬した大統領選でも「親日フレーム」を活用した。対抗馬の尹錫悦氏は、前出の父親が生前、一橋大学で研究生活を送ったことなどから、同党によって日本との接点を度々攻撃された。党代表だった宋永吉《ソンヨンギル》氏は、2021年11月、尹錫悦氏の「トルチャンチ」と呼ばれる1歳の誕生お祝いの古い写真を持ち出して、「トルチャンチでわが国のお金の代わりに、円貨が置かれていたほど日本に近い、延世大教授の息子として生まれた尹錫悦は、司法試験に合格し、ソウル大法学部を出て検察総長になった」と、公言した。ところが、その写真にある紙幣が日本円ではなく、韓国銀行券であると翌日に判明し、宋永吉氏が誤りを認めるという騒動があった。

さらに、同党は大統領候補を決める党内の予備選の段階でも「親日フレーム」を活用していた。しかも、日韓間の食文化や観光さえ持ち出した。李在明氏の最大のライバルであった元国務総理の李洛淵《イナギョン》氏の側近は、京畿観光公社の社長に内定（人事権者は京畿道知事だった李在明氏）している黄橋益《ファンギョイク》氏というコラムニストを指して、「日本料理を高く評価している人物なので、不適格な人事だ。大阪観光公社の社長にピッタリだ」と揶揄した。すると、黄橋益氏は「（李洛淵サイドが）私に投げた親日フレームを李洛淵へお返しする。李洛淵が日本通だと承知している。日本の政治家との会合で、日本の政治家の『制服』の燕尾服を着ている写真を見たことがある。李洛淵は日本の総理にピッタリだ」と、反発したのだ（ＫＢＳニュース、２０２１年8月17日）。

李洛淵氏は、新聞記者出身で『東亜日報』東京特派員の経験もある。日本語が堪能で、日本の政治家に知己が多いのは事実である。だからこそ、李洛淵サイドは自らの日本色を薄めるためにも、あえて「親日フレーム」を利用したのかも知れない。ともあれ、日本の食や観光がネガティブな文脈で使われるのは、建設的なことではない。

「この政府や与党の人々は、ともすると『土着倭寇』『親日派』と野党に後ろ指を差してきた」（『中央日報』２０２１年7月17日付）と評されるほど、文在寅政権とその与党はこうした「親日フレーム」を持ち出した。「土着倭寇」とは日本を称賛する人を意味する造語である。**表7**は、「親日フレーム」、「土着倭寇」、「ネロナムブル」など5つの単語が2つの新聞で登場した数を示したものである。いずれの単語も、文在寅政権下で急増したことがわかる。

「ネロナムブル」とは、「自分がやればロマンス、他人がやれば不倫」（내가 하면 로맨스, 남이 하면 불륜）を意味する韓国語の新語である。転じて「自分がやれば改革、他人がやれば弾圧」、

「自分がやれば公正、他人がやれば不公正」という意味合いで使われる。保守政権の非をあげつらっていた進歩勢力は、自分が政権を執ると同様の振る舞いをしているという文脈だ。

「親日フレーム」、「土着倭寇」という単語は、国民の反日感情を利用した政治家の動きが、文在寅政権下で増してしまったことを意味する。同政権が終わっても、「陣営論理」はむしろ強まっており、日韓交流に携わる人々や芸能人へ及ぼす悪影響が心配である。

コロナ禍で増えた嫌悪表現とその批判の存在

さらに心配なことは、「親日フレーム」を政治家だけが利用しているわけではない点である。たとえば、「土着倭寇」という用語は市民団体や一般人が、日本に理解を示す人、あるいは保守的な思考方式をしている人に対する嫌悪表現

表7　「陣営論理」と関連する5単語の新聞2紙での記事ヒット数

	陣営論理	フレーム	親日フレーム	土着倭寇	ネロナムブル
東亜日報					
朴槿恵政権下	238	802	14	0	7
文在寅政権下	319	1,145	49	38	353
ソウル新聞					
朴槿恵政権下	44	1,013	7	0	3
文在寅政権下	117	1,916	84	88	709

注：当該単語が使われている記事の抽出は、東亜日報とソウル新聞のデータベースを利用した。それぞれのキーワードを入力し、期間を「2013年2月25日～2017年5月9日（朴槿恵政権下）」、「2017年5月10日～2022年5月9日（文在寅政権下）」として、両期間を検索して作成した。

として使用しているのだ。

『中央日報』日曜版（2021年7月31日付）の社説「コロナが助長した嫌悪：多様性尊重で克服せねば」に、次のような主張が載っていた。

エムブレーン・パブリックが実施した世論調査結果によれば、「過去1年間で嫌悪表現を経験した」との回答が3分の2に達した。「自身が直接、嫌悪表現を使った」と答えたのは3分の1だった。「コロナ禍以前よりも嫌悪表現が多くなったと感じる」にも、76・4％が同意している。嫌悪表現の内容と対象は多様である。理解して、尊重する相手であるはずの男性と女性は、お互いを「ハンニョ（韓女）」、「ハンナム（韓男）」と蔑称し、葛藤を生んでいる。進歩と保守は「守旧バカ」「土着倭寇」、「口だけの進歩」「アカ」とこき下ろすのに忙しい。特定階層に向かった、一方的な卑下表現も多い。高齢者を「トゥルタク（入れ歯がガタガタするという意味）虫」と呼んだり、子持ちの女性を「ママ虫」と呼んだりするのが代表的だ。「虫」という接尾語で見るように、嘲弄と非難の意が含まれている。コロナ禍を体験して、嫌悪の被害を多く受ける対象は中国からの同胞（朝鮮族）だ。今回の調査で、嫌悪表現を経験した人のうち、4分の3が中国と中国からの同胞に関する嫌悪に接したことがあると答えた。コロナが中国武漢で始まったという点が大きく影響を及ぼした。

「土着倭寇」は日本人に対して使われるのではなく、韓国人が韓国人に向かって内輪で使っている言葉ではある。同時に、日本や日本人への反感や差別感情を助長させかねないものである。この社説は、男女間の相互や朝鮮族に対する嫌悪表現を含めて、コロナで排他性が強まったという内容だ。

先に紹介した大統領の父親が亡くなって弔問した盧士燕氏に対するバッシングは、単なる批判や非難ではなく、「民族反逆者の一族に気に入られたくて尻尾を振っている」、「覚えておくからな」といった嫌悪や憎悪の表現であった。

それでは、「土着倭寇」のレッテル貼りに代表される「親日フレーム」の政治利用に対して、韓国国内では批判はないのか。

「韋国・青瓦台民政首席をはじめとする、政府高位要人の反日扇動は実に情けない。最近、日本の経済報復事態と関連して、政府の無責任・無対策を批判すれば、政府・与党は『土着倭寇』『親日派』『利敵』と罵倒して、国民とメディアの口を封じさせている」（『朝鮮日報』20

19年7月25日付）といった一般人からの投書を、文在寅政権期の新聞で見ることはあった。

他方、識者からは、様々な視点からの批判がある。

ひとつは、トップが社会の「分断」を図るようなことをしても良いのかという視点からの批判である。

たとえば、琴泰燮《クムテソプ》氏（元国会議員）は『東亜日報』（電子版2021年11月27日付）のインタビューで次のように述べていた。


金大中大統領はDJP連合（政敵であった金鍾泌《キムジヨンピル》との連携）でかろうじて大統領になったが、自身を支持しない国民にも大統領と認められるために努力した。そして、慶尚道出身である金重権《キムジユングオン》氏を秘書室長に起用し、自身に死刑宣告を下した全斗煥《チヨンドファン》元大統領を青瓦台へ招請して食事もした。そんなことが、一国の大統領らしい姿だ。ところが、盧武鉉元大統領の時からだんだんそのような姿が消え、李明博元大統領、朴槿恵前大統領を経て、今は完全になくなった。文大統領も就任辞では自身を支持しない国民にも仕えると言ったが、実際には実に徹底して組分けをしている。ひとりでも自分の組が多くて勝ってしまえば、他方へは神経も使わない。青瓦台にいる人々が、自分たちと見解が違うと、国民を親日派、土着倭寇と……そんな言葉をどうして国民に対して使えるのか。やってはいけない行動に及ぶ理由は明らかだ。支持層を結集させるため。

琴泰燮氏は共に民主党に所属していたが、２０１９年９月に法務部長官だった曺国氏を批判したり、「検察改革」の目玉として文在寅政権が打ち出した高位公職者犯罪捜査処（公捜処）の設置に反対したりしたことで、翌年６月に党から懲戒処分を下されている（同年４月の総選挙には不出馬）。前述した「陣営論理」に対する批判からの観点だ。

特に、自身を支持しない国民も念頭に置いた金大中氏とは異なり、文在寅氏は「組分け」をしたとある。「組分け」とは自らの支持者と非支持者に分けたという意味だ。

尹錫悦政権発足後、与党の国民の力議員からも、共に民主党の変質や文在寅氏の「組分け」を指摘する声があった。次は、国民の力の鄭鎮碩《チョンジンソク》非常対策委員長（当時）による、国会本会議での交渉団体代表演説の一部である（「国会公報」通巻第２０２２−１２３号、国会事務処、２０２２年９月30日）。

私が記憶する過去の民主党は、けっしてこのような姿ではなかった。１９９８年、金大中大統領は支持層の激しい反対にもかかわらず、日本大衆文化開放という勇断を下した。これを、盧武鉉大統領の時期も引き継いだ。ちょっと考えてみてほしい。2004年にはソウルの奨忠体育館と釜山社稷体育館で、日本の国技である相撲の競技が繰り広げられたりもした。その時も、進歩陣営は反日感情を煽って、韓国文化が日本に浸食されると主張した。しかし、24年が過ぎた今、むしろK-POP、K-ドラマをはじめとする韓国の大衆文化が日本を席巻している。2日前、日本の安倍元総理の国葬を終えた後、安倍元前総理夫人の昭恵女史は、韓悳洙《ハンドクス》総理が慰労の意を伝えると、すぐに鮮やかな韓国語で「韓国に行きたいです」と話した。韓国文化がそれだけ深々と日本に入っているわけだ。盧武鉉大統領は進歩団体の猛烈な反発にもかかわらず、果敢に韓米FTAを推進し、イラク派兵、済州海軍基地建設に至るまで、国益のための指導者の勇気ある決断を見せた。金大中大統領は、任期中、三人の息子が皆検察の調査を受けたが、ただの一度も司法を政治の領域に引き込まなかった。今の民主党を見て、金大中大統領、盧武鉉大統領は、はたしてどう思うだろうか。

共に民主党が流れを汲む金大中・盧武鉉政権を高く評価しながら、中庸な施策を展開しなかった文在寅政権を非難しているのだ。あわせて、韓国から日本への「眺め」も垣間見えて興味深い。

文在寅政権が終焉する1カ月ほど前、中央日報の政治記者は「［金ジョンハの時々刻々］成功した文大統領、失敗した文政権」というコラムで、「文大統領は5年間、支持層の好感を得ることができる積弊清算、反日、南北首脳会談、最低賃金引き上げのようなことだけを熱心に行った。支持層が反発する政策を、一切やらなかった」（『中央日報』2022年4月4日付）と書いていた。これは、「文大統領は、大統領直接選挙制の改憲導入以後、執権5年にして、政権を野党へ明け渡した初めてのケースだ。歴代最高の支持率を誇るが、あっけなく大統領選挙で敗北したことはなぜか」という自問自答でもあった。

たしかに、文在寅大統領はこの記事が出た頃の支持率は44％を維持していた（韓国ギャラップ「デイリーオピニオン」第490号、2022年4月8日）。金大中、盧武鉉、李明博の各氏が大統領在職末期の同時期が20％台の支持率であったことを考えると、相対的に高い支持率を維持してきたことになる。支持者だけに目を向けたからこその高率だという解釈もできる。

「アカ」呼ばわりの被害者が「親日派」レッテル貼りの加害者

「親日フレーム」の政治利用に対する批判のもうひとつは、軍事政権下では進歩派が「アカ」のレッテル貼りをされたが、立場が変わると、同じようなファシズム的な手法で、文在寅政権下では保守派が「親日派」や「土着倭寇」というレッテル貼りをされているという視点からの批判である。

曺国氏のソウル大でのある同僚は、「国家保安法を批判すれば、アカだと非難された時期があった。もはやその水準を、われわれは越えていたと思っていた。ところが、ほかでもない政府高位職が、強制徴用（徴用工問題）に対する大法院判決を批判すれば親日派だと言う。瞬間、感情が激高したことによるミスだと信じたい。そうではないならば、あまりにも悲しくて、絶望的なことだ」と、学内サイトに書き込んだという（『朝鮮日報』2019年7月25日付）。

大統領選前を3カ月後に控えた文在寅政権の末期、『ソウル新聞』論説室長の黄性淇《ファンソンギ》氏は、先に紹介した尹錫悦氏の1歳の誕生お祝い写真に見える紙幣をやり玉に「親日フレーム」で攻撃した当時の共に民主党代表（宋永吉氏）について、コラム「『フレーム選挙』の扱い方」（『ソウル新聞』2021年12月9日付）で、次のように論評した。

宋代表は延世大総学生会長出身で、34年前に韓国民主化に寄与した86世代（80年代に大学生だった60年代生まれの世代）だ。そんな彼が、過去の独裁勢力が民主勢力に突きつけた「アカ」のフレームをためらいなく使う。民主化でせっかく習ったことが、民主陣営に対する反民主陣営の悪い手法であるフレームで型はめするならば、逆行する歴史であり、悪い姑に続いて悪い嫁が生まれたわけだ。政権を取っても「アカ」の噂から抜け出せなかった金大中元大統領、執権中も「親北」の陰口が絶えない文在寅大統領を考えるならば、やってはならないことを宋代表は行ったのだ。

黄性淇氏は「今回の大統領選挙で、親北であれ親日であれ、フレームで相手を困難に陥れようとする陣営に対して、有権者は『選ばない』という鉄槌を加えるべきだ」とも、啓蒙した。

そして、「曺国元法務部長官の土着倭寇論や李在明候補の親日派レッテル論争は、一部保守政治家が繰り広げたアカレッテル論争と類似性を持つ」と同じく主張する林志弦《イムジヒョン》氏（西江大教授）の議論は、さらに明快だった。軍事政権下で民主化が弾圧される際に使われた法的根拠は、国家保安法に対する違反であった。同法は反国家活動を取り締まる治安立法で、「アカ」のレッテルを貼られた個人や団体が摘発された。これにもじって、「親日フレーム」の政治利用を「民族保安法」の制定を目指すものだと、コラム「586に刻印された『日常的ファシズム』……民族保安法がさもあるかのような『反対派＝土着倭寇』攻撃」（『文化日報』2021年12月23日付）で、次のように皮肉った。

国家安保を名目に政治的反対者をアカに仕立てた過去の軍事権威主義である時期の国家保安法、そして民族の精気を前に出してやはり反対者を土着倭寇と仕立てて狩る、執権勢力の「民族保安法」は自分とは考えを異にする人々へ、反逆のフレームをかぶせるという点で、同じ政治的文法を駆使する。レッテル論争は現在進行形だ。文政府になって、586（引用者：現在の年齢が50代で、80年代に大学生だった60年代生まれの世代）による親日派という口撃は、内容と程度において、守旧勢力によるアカという口撃を越える様相まで見せる。執権勢力は、国家保安法を廃止したいのでなく、民族保安法へと改正したのかもしれない。「親日派レッテル論争」が「アカレッテル論争」をして、青は藍より出でて藍より青しとなる日、韓国の民主主義は葬儀を行うことになるだろう。

いずれも、他者から「アカ」のレッテル貼りをされた被害者が、時代が変わると、他者に対する「親日派」のレッテル貼りの加害者になっているという論である。前述したように、文在寅政権下では「ネロナムブル」という言葉の登場が増えた。自らが権力を握ると、自らへの批判には不寛容になり、その批判をする他者には容赦ないレッテル貼りをするということである。

こうした韓国社会の問題点を、はっきりと指摘する論が登場するのも、韓国社会なのであり、憂慮ばかりする必要はないであろう。

4．バランスある視点が必要な「眺め合い」

「韓国との関係は、あえて友好関係でなくてもいい」の声も

2019年当時、「日韓関係どう思う?・」と題して、日本の地方の声を伝える特集記事が『朝日新聞』（2019年11月3日付）に載った。問題が表面化して4カ月程度を経てからの記事であったので、よく練られた内容だった。「民間主導で30年かけ、やっとここまで来たのが政治によって一瞬で蒸発した」と、韓国人観光客の激減で壊滅的になった対馬の観光産業関係者、「鳥取県も江原道も互いに首都から離れた『いなか』です。首都にばかり目を向けていては、

展望が開けません。海をまたいだ隣人と、観光や経済交流などで人とモノの往来を盛んにしたい。それは共通の思いです」と、政治・外交対立の最中に友好提携関係がある江原道へ行って、崔文洵《チェムンスン》知事と交流の継続を確認してきた鳥取県知事の平井伸治氏などを取材していた。

この記事では、同紙が行った一般読者のアンケートに寄せられた声も紹介された。なかでも、次の2つは印象的であった。「韓国のアイドルが好きだからと言って韓国の国自体が好きなわけではない人もいます。政治を文化やエンターテインメントに結びつけないでほしい」（埼玉県、10代女性）と「好悪の対象が国なのか国民かはっきりさせるべきだ。韓国との関係は、あえて友好関係でなくてもいい。あわてず時間をかけてクールな関係を保てばいい。なんでも友好と言って他国の言いなりになるのはおかしい。時間をかけて平等な関係をつくるべきだ」（静岡県、60代男性）である

前者は、政治と文化をめぐる根本的な問題である。そして、後者は、日韓間の政治・外交対立が生じ、韓国側の地方自治体が国と国民の区別もせずに、日本側へ交流の中止や延期を迫り、それがあたかも自分たちの「言いなり」になることを要求しているように見えるからだ。「あえて友好関係でなくてもいい」という主張が出てくるのは、当然であろう。

実は、こうした韓国側の姿勢は、2019年の時だけではない。「新しい歴史教科書をつく

る会」主導で編集された中学歴史教科書を韓国側が問題視した時（2001年夏）、島根県の「竹島の日」条例制定に対して韓国側が反発した時（2005年春）もそうであった。主に韓国側の措置によって、2001年の際は「自治体や学校間の交流中断が約150件」（共同通信、2001年8月2日）、2005年の際は「24都府県で交流イベントの中止などが52件」（『毎日新聞』2005年3月28日付）といった断片的な集計報道があった（2019年は「問題が表面化した7月以降、21道県で35件の行事が中止や延期となった」と、『毎日新聞』2019年8月2日付が報じている）。

その度に、「こうした事態で最も影響を受けているのは、訪問や交流を楽しみにしていた子どもたちだ。未来の日韓関係を担う青少年たちだけに、しこりを残さないか、気にかかる。子どもたちの交流は何とか続行してもらいたい」（『山陰中央新報』2001年7月21日付）といった主張が、地方紙の論説や社説に掲載されてきた。20年以上前のこの憂慮は、その後も続いてきたことになる。韓国側の交流の中止や延期の判断は、交流を通じて増えたであろう韓国への理解者を減らし、日韓関係を何とかさせたいと思っている人、あるいは「親韓派」と分類される人を落胆させる行動にしかならなかった。むしろ、両国関係の発展や親善を好ましく思わない主張や「嫌韓」の言説へ力を与えるものとなった。

ただし、地方自治体や民間の交流中断、不買運動を危惧する声も韓国社会には存在してきたことも記憶しておきたい。たとえば、過剰な対応への異議申し立てなどである。

2019年8月、区長が共に民主党系のソウル市の中区では、「Boycott Japan」の旗を日本人観光客が多数訪れる明洞を中心に、1100本を掲げる計画を立てて、約50本を設置したところ、同区のホームページには旗の撤去を求める書き込みが殺到し、青瓦台のホームページにも旗設置の中止を求める請願が投稿された。結局、区長が「日本政府と日本国民を同一視し、日本の国民に不要な誤解を与えかねないという憂慮」を受け入れるとして、旗は1日で撤去されている（聯合ニュース、2019年8月6日）。似たようなことは、2001年にも発生している。歴史教科書問題への対抗措置として、鉄道庁はソウルと釜山などを結ぶ特急列車（セマウル号）での日本語案内放送を中断したが、「観光客に責任はない」との声が上がり、約1週間で同措置を取り消した（『朝日新聞』2001年7月25日付）。

忖度や同調圧力の結果だったのであろうか。韓国へ好感を持って来たであろう日本人へ不快感や不便を与えるだけの措置でしかないのは自明であり、「幼稚なパフォーマンスはやめろ」という声が上がったのは救いであった。

ただし、日本でも似たようなことは起こっている。対象は韓国ではないが、ロシア軍のウクライナ侵攻後、恵比寿駅改札内のロシア語の乗り換え案内表示に対して、複数の利用者から「不快だ」などの声が寄せられると、ＪＲ東日本が「調整中」と書いた紙で覆い隠すという出来事が２０２２年4月に発生した。同措置から約1週間後に各メディアがこれを報じたところ、「過剰反応だ」との多くの批判が寄せられ、すぐに紙が外された。これも少し考えれば、幼稚な措置であるとわかるものだ。この出来事に触れた『読売新聞』の社説（２０２２年5月6日付）は、日本に住むロシア人に対する差別的な行為や誹謗中傷などを「ロシア人を排斥することは、日本人の品位を自らおとしめる恥ずべき行為だ」と批判した。

２０１９年の政治・外交対立の最中、日本側からは外交対立と自治体交流を区別すべきだとする要人による公の発言も少なくなかった。

当時の河野太郎外相が「政府間、難しい問題に直面しておりますが、こういう時だからこそ国民交流というのは重要なんだろうと思います。その中でも自治体間交流は国民交流の柱でありますので、文化交流・スポーツ交流などと並んで、こういう時にこそしっかりやっていただきたいと思っております」（「河野外務大臣会見記録」、外務省ホームページ、２０１９年7月29日）と記者会見で述べている。河野氏は、前年にも「両国の国民の皆さんの間の交流はこれまでどおり、あるいはこれまで以上に続けて頂き、文化交流あるいは自治体間の交流というものはしっかりと継続をして頂きたいというふうに思っております」（同、2018年10月22日）と、竹島問題が浮上した際に述べており、「外交対立と自治体交流」の分離は、持論なのだと思われる。

また、地方自治体の首長からも多くの発言があった。交流の中断を憂いて、韓国側へ直接的な行動をしたのは、滋賀県の三日月大造知事だった。「滋賀県は、いろんな厳しい状況があった中で、朝鮮通信使を中心的に担われた雨森芳洲先生のゆかりの地、出生の地域でもありますので、『誠心の交わり』というその心は、いつも持ちながら、こういう厳しい時こそ持ちながら、対応を積み重ねていくことが必要ではないかと思います。そういう意味も込めまして、親交のある駐日韓国大使館、大阪の総領事に、今月2日付で私から書簡を送り、こういったことに惑わされない、私たちの友情を育んでいこうといったようなことを、私の署名入りで送らせていただいたところでございます」（「知事定例記者会見」、滋賀県ホームページ、2019年8月6日）と、韓国の公館へ書簡を送ったことを明らかにした。その後、駐大阪の呉泰奎《オテギュ》総領事から返信があり、「私が申し上げた内容と同様の見解をお示しいただけたというふうに思っております」（同、9月10日）と、三日月氏は述べている。

非経済的効果と韓国の事例を政策に活かす首長

オーバーツーリズムがあるにしても、短期的な経済的効果を生むのが観光交流であるとすれば、長期的な経済的効果を念頭に置いた国際交流としては、その都道府県産品の相手国での販路の模索（輸入業者との接触）、見本市への出展による産品のPR、相手国の企業誘致活動などがあるだろう。地方自治体がかかわる場合、その活動の原資が公金（税金）であることから、納税者の立場からは国際交流の経済的効果に期待されている。

その一方で、地方の国際交流には非経済的効果を念頭に置いたものも多い。青少年交流、文化交流、首長間交流、その他の友好交流などだ。そのコスト・ベネフィット（当該事業にかかる費用とそこから得られる便益）は、長期的視点から考慮されなければならないだろう。もちろん、マンネリ化して交流を続けること自体が目的化している事業は見直されるべきで、それが地域住民の国際感覚育成にどう役立っているのか、地域の活性化にどう寄与しているかの検証は必要だと思う。

日韓間の場合、前述したような韓国国内での日本への誤解やレッテル貼りがあまりにも多いので、青少年交流や文化交流は日本への「眺め」を改善させるという点では大きな成果を上げている。

たとえば、2007年より日本政府は、東アジアに各国から青少年を招請して日本を訪問してもらう、JENESYS（Japan-East Asia Network of Exchange for Students and Youths）という対日理解促進交流プログラムを実施している。総理大臣が代わっても、与野党の政権交代があっても、続いているプログラムだ。実施する主務官庁は外務省で、地方自治体や民間団体も協力している。その一環として、日韓間でも毎年1000人規模の青少年交流事業を実施している。大学生、高校生、中学生を対象として7～10日間でホームステイ、学校訪問、文化体験などのプログラムとなる。

これに参加した人の対日意識を知るため、日韓文化交流基金が主管したプログラムに参加して韓国へ戻った485名に対して、日本と日本人に対する意識調査を筆者らは行ったことがある（小針進・渡邉聡「韓日交流プログラムに参加した若年韓国人の対日認識――JENESYSプログラム参加者と非参加者への意識調査から――」ソウル大学校日本研究所・韓日親善協会編『韓日間交流と国家親善』J&C、2013年）。プログラム参加者との比較のために、同プログラムに参加していない一般の韓国人（参加者と同じ年齢層である満15～29歳の男女）900人に対しても、同様の調査を行った。この一般の人の中には、日本へ観光などで訪問したことがある人と、まったく訪問したことがない人を混ぜた。「プログラム参加者」、「訪日経験ありの非参加者」、「訪日経験なしの非参加者」について比較した調査結果の一部が**表8**である。

「日本」、「日本人」、「日本文化」に対する好感度のいずれについても、「訪日経験なし非参加者」＜「訪日経験あり非参加者」＜「プログラム参加者」の順で、好感を持つ人の割合が高くなっていることがわかる。「訪日経験あ

表8　日本政府JENESYSプログラム参加者の日本観

調査：2011年10～11月

n=韓国人のプログラム参加者485・非参加者900

		とても好感を持っている(A)	おおむね好感を持っている(B)	(A+B)	別に好感を持ってない(C)	まったく好感を持ってない(D)
日本に対して	訪日なし非参加者	3.5	42.0	45.5	42.1	12.4
	訪日あり非参加者	8.9	49.8	58.7	34.3	7.0
	参加者	18.1	59.0	**77.1**	21.0	1.9
日本人に対して	訪日なし非参加者	3.0	29.1	32.1	50.6	17.3
	訪日あり非参加者	5.2	44.3	49.4	40.6	10.0
	参加者	19.6	64.9	**84.5**	14.6	0.8
日本文化に対して	訪日なし非参加者	13.2	50.9	63.8	28.3	7.9
	訪日あり非参加者	16.2	62.7	79.0	15.9	5.2
	参加者	31.8	60.2	**92.0**	8.0	8.0

出所：小針進・渡邉聡「韓日交流プログラムに参加した若年韓国人の対日認識――JENESYSプログラム参加者と非参加者への意識調査から――」ソウル大学校日本研究所・韓日親善協会編『韓日間交流と国家親善』J&C、2013年

り非参加者」は、「日本人」に好感を持つ人の割合よりも「日本」に好感を持つ人の割合のほうが高いのに対して、「プログラム参加者」では逆に、「日本人」に好感を持つ人の割合のほうが高い。これはなぜか。単に日本を訪問するだけでなく、日本人との交流経験を持つことのできる「プログラム参加者」のほうが、日本人に対する好感が生まれるということだろう。詳細を省くが、東日本大震災の被災者に対する理解も、三者の間では差があった。

こうした青少年交流のための、よく準備されたプログラムは、経済的効果を生むわけではないが、日本への誤解を解くという意味では重要である。

日本の植民地支配から解放された日（8月15日）は、韓国では祝日であり、光復節と呼ぶ。2023年の光復節を前に、韓国のコンサルティング会社は「日本旅行ブーム」を念頭に置いた世論調査を行った。これによれば、「光復節の祝日を使って日本旅行へ行くことをどう思うか」という設問に対して、「日本旅行は構わないが光復節の時期は避けるべきだ」と答えた人が、1965年よりも前に生まれた既成世代は52・9％、1995年以降に生まれたZ世代と呼ばれる層は47・3％で、「いつどこに行くかは個人の自由だ」と答えた人が、既成世代は26・6％、Z世代で32・6％であった。「光復節の意味や詳細」に関して、Z世代は26・8％が「良く知らない」または「まったく知らない」と答えており、既成世代の7・7％とは大差があった（ビーアンドアイ、２０２３年8月10日調査、20～69歳男女、n＝３０００）。柔軟な考え方を持つ人が多い新しい世代へのアプローチは、意味を持つであろう。

日韓間の青少年交流プログラムでは、議論を交わす時間が設定されていることが多い。環境、高齢社会、少子化、ジェンダー、防災、感染症、保健医療、教育、格差社会、地域振興、ネット社会、文化財保護などといった共通課題だ。

こうした共通課題に関しては、青少年任せだけにせず、現実味をもって、両国の地方自治体同士でもっと行うべきだと思う。

たとえば、２０２３年4月まで明石市長を3期務めた泉房穂氏は、市長在任中の２０２２年1月20日のツイッターで「明石市の施策。韓国を参考にしていることも多い。養育費立替は、韓国を参考に制度化した。障害者用の卓球施設も、ソウルを視察して具体化した。給食費の無償化も、ソウル市での導入を契機に実施した。日本国内だけでなく、世界の動きも参考にしている」とつぶやいている。

泉氏が市長としての評価を高めたのは、子育て支援と言われている。市独自の児童手当を拡充して、高校3年までの医療費、0歳児のおむつ、第2子以降の保育料、中学校の給食費、天文科学館などの公共施設入場料の「五つの無料化」を実現し、子育て支援の先進都市として、明石市には全国の自治体から視察が相次いだそうだ（『毎日新聞』2023年8月23日付、夕刊）。こうした支援策のうち、どの程度をソウル市の例を参考にしたかは不明だ。しかし、両市間には姉妹関係がないにもかかわらず、日本の地方自治体の首長が韓国側の先進例を視察して、自らの施策に導入したことを公言している点は興味深い。首長の海外出張が、市民益につながった例であろう。

姉妹関係がある自治体同士の場合、情報交換はさらに行いやすいわけで、相互の先進例を学び合う余地があるだろう。交流を続けること自体を目的化させない点でも意味がある。

日本の電機メーカーが衰退していく原因を体験的に探った桂幹氏（元大手メーカー幹部）の『日本の電機産業はなぜ凋落したのか』（集英社新書、2023年）によれば、台湾や韓国の企業が日本に追い付けるわけないと思い込んだ慢心が、その「失敗」の原因のひとつだったという。

地方自治体交流、あるいは政府次元の外交や交流でも、こうした慢心はないだろうか。

関東大震災での朝鮮人虐殺への都知事の曖昧な姿勢

2023年9月1日は関東大震災の発生から100年の節目だった。100年目であったので、防災意識の向上を促すだけでなく、「震災直後には、人々の不安から生み出された流言が朝鮮人虐殺などの悲劇を生んだ」（『静岡新聞』２０２３年９月１日付、社説）という出来事も、日本のメディアでは多く取り上げられた。特に、多くの地方紙が、各地での防災・減災対策への備えを呼びかけるだけでなく、この史実に触れていることが印象的であった。

たとえば、『山梨日日新聞』は、同紙の震災当時の報道ぶりを紹介する論説記事を掲載し、「（２０１３年９月）６日付では『朝鮮人を敵視するな』との記事で、甲府在住の朝鮮人が市民と一緒に夜警にも従事している事実を伝え、『鮮人を誤解して敵視するといふ事は却って市民の為に不利益である』と記した。10日付社説でも『流言浮説に惑ふ勿れ』と重ねて訴えている。現代に通じる警句と言えるのではないだろうか」（２０２３年９月２日付）と書いている。「流言はＳＮＳ全盛の今、より伝播力を強めている。ヘイトスピーチも絶えない」（同）からである。『神奈川新聞』は、「朝鮮人虐殺　史実の無視は許されぬ」とする旗幟鮮明に主張する社説（２０２３年９月２日付）を掲載していた。

そして、「東京都の小池百合子知事は毎年９月１日に開かれる朝鮮人犠牲者追悼式への追悼文の送付を拒んでいる。史実から目を背ける姿勢はヘイトスピーチや憎悪犯罪を助長しかねず、改めるべきだ」（『北海道新聞』２０２３年９月１日付、社説）と、社説等の一部で主張する記事も多かった。長野県で発行される『信濃毎日新聞』は、「朝鮮人の虐殺　都知事は史実に向き合え」というタイトルを付けて、小池氏の言動や対応ぶりに焦点を絞って論じる単独の社説（2023年8月26日付）を掲載した。

小池氏はこの史実をどう扱ってきたのか。1974年に朝鮮人虐殺犠牲者への追悼式が始まって以来、石原慎太郎氏を含む歴代の東京都知事が追悼文を送ってきた。小池氏は就任1年目の2016年には送ったが、2年目の2017年以降取りやめて、要請があっても拒否し続けている。そのことを都議会議員や新聞記者から問われても、次のような発言を繰り返している（「平成30年第3回定例会（第12号）」、2018年9月26日、東京都議会ホームページ）。

関東大震災におけます朝鮮人虐殺に関してでございますが、この件はさまざまな内容が史実として書かれていると承知をいたしております。何が事実かにつきましては、これまで申し上げてきたとおり、歴史家がひもとくべきだと考えておりまして、私は東京都知事として、東京で起こった甚大な災害と、それに続くさまざまな事情で亡くなられた全ての方々に対しまして、哀悼の意を表するところでございます。

この姿勢で問題視されているのは、2点である。ひとつは、自然災害による死者と、ヘイトクライム（憎悪犯罪）の犠牲者をひとくくりにして、「甚大な災害と、それに続くさまざまな事情で亡くなられた全ての方々」とサラッと述べている点である。もうひとつは、「何が事実か……歴史家がひもとくべき」の部分だ。前掲の『信濃毎日新聞』は「虐殺を巡っては近年SNSを中心に『否定論』が幅を利かせている。実証によらないでたらめな言説だ。小池氏のあいまいな態度は、その容認ととられかねない。危うさを自覚しているのか」と、強く批判している。

関東大震災での朝鮮人虐殺は、公的史料、文化人や市井の人々の証言も多く、歴史学の先行研究で明らかになってきた史実である。「朝鮮人が井戸に毒を入れた」などのデマが流れて、それがもとで多数が虐殺された。

ただ、デマの発生源は特定されておらず、小池氏が言うように「歴史家がひもとく」余地は残されているのだろう。それでも、実証的な歴史研究で知られる藤野裕子・早稲田大学教授は、『民衆暴力――一揆・暴力・虐殺の日本近代』（中公新書、2020年）で「研究上、一致している点がある。発生源がどこであったにせよ、震災当初から警察が朝鮮人に関する流言・誤認情報を率先して流し、民衆に警戒を促したことである」と、指摘する。藤野氏は、秩父事件（1

884年)、日比谷焼き打ち事件（1905年）などと共に、民衆の暴力行使のひとつとして、この虐殺を位置付けている。

それだけに、小池氏の姿勢は歴史修正主義者であるかのような誤解を受けるであろう。もちろん、先の都議会の議事録にあるように、「関東大震災における朝鮮人虐殺」という用語を小池氏は使っている。虐殺を否定する発言もしておらず、小池氏を歴史修正主義者であると断じるのは慎重であるべきだろう。

問題は、追悼文送付取り止めという方針転換とあいまいな態度によって、影響が出ていることだ。たとえば、都が設置した施設での企画展で、朝鮮人虐殺に触れた映像作品の上映会をしようとしたところ、都が不許可にしていたことが2022年10月に明らかになった。都の担当者は小池氏の一連の姿勢を挙げ、「都知事がこうした立場をとっているにもかかわらず、朝鮮人虐殺を事実と発言する動画を使用することに懸念がある」と指摘したという（『毎日新聞』2022年10月29日付）。知事の姿勢が及ぼす現場への影響力は大きい。

小池氏は、その発言から「歴史家」をリスペクトしているのだから、これまでの歴史研究の積み重ねをもっと尊重するべきなのではないか。

バランスの欠如は「犠牲者意識ナショナリズム」を助長する

そして、影響のもうひとつは、小池氏のこうした姿勢を韓国メディアが「極右本性の日本小池、関東大震災朝鮮人虐殺追悼文要求に『送れない』」（聯合ニュース、２０１７年８月24日）などと瞬時に報じて、韓国社会で「反省のない日本」像が広まることである。「批判」ではなく「罪状」を裁くような「糾弾ジャーナリズム」のような手法が目立つ韓国メディアにとって、強い関心を寄せる事象である。

松野博一官房長官（当時）も、朝鮮人虐殺について、曖昧な発言をしている。虐殺について問われると、「政府として調査した限り、政府内において事実関係を把握することのできる記録が見当たらないところであります」（時事通信、２０２３年８月30日）という見解を、記者会見等で繰り返した。

松野氏の見解と関連して、日本経済新聞編集委員の井上亮氏はコラム「歴史を相続放棄する国でいいのか」（『日本経済新聞』電子版２０２３年10月30日付）で、「民衆は恐怖感情が極度に昂進した群衆心理に作用されて、予想し得べき凡ゆる害悪の到来を幻覚し、之を流言として発生瀰漫せしめる。大震災当時、民衆が不逞鮮人の暴動襲来を喧伝し、確信したのは、明らかに斯くの如き幻覚であり、妄想であった」との記述がある、法務府（法務省の前身）特別審査局による「関東大震災の治安回顧」（1949年9月発行）を、「れっきとした公的機関が作成した資料」と紹介している。そのうえで、「松野官房長官はこの資料を見れば、何らかの論評ができたのではないか。官房長官の『論評しない』姿勢は当然、政府＝岸田文雄政権の見解と受け止められる。否定も肯定もしないことはニュートラルのようでもあるが、実証的歴史学で確定した事実に対して政府がこのような姿勢を示せば……」と疑問を投げかけている。

小池氏や松野氏の発言ぶりから懸念するのは、公的史料や多数の証言がある史実に対してすら、「知らぬ存ぜぬ」といった姿勢を見せると、韓国の一部で提起される史実に基づくとは言いがたい主張（たとえば、慰安婦の数に関する「20万人」説）に対する、これまでの日本政府による説得力ある反論まで、信ぴょう性を疑われてしまうことにはならないだろうか。

さらに言えば、これまで日本政府が植民地支配や大戦に対して表明してきた姿勢まで、疑念を持たれてしまうのではないかということである。「先の大戦における行いに対する、痛切な反省と共に、心からのお詫びの気持ちは、戦後の歴代内閣が、一貫して持ち続けてきたものです」（「歴史問題Q&A」、外務省ホームページ）といった明快な姿勢と比べて、関東大震災の朝鮮人虐殺に対する小池氏や松野氏の姿勢はあまりにも曖昧だ。歴史認識をめぐって他国におもねる必要はないが、バランスを欠いている。

前出の林志弦氏は「犠牲者意識ナショナリズム（victimhood nationalism）」という概念を提示している。戦争や植民地主義で犠牲となった前世代の経験を後の世代が継承し、自らを悲劇の犠牲者と位置づけることで、自己の道徳的・政治的な立場を正当化するナショナリズムのことだ。

林志弦氏は、「国際社会に認めてもらおうとする民族主義的な闘争が、英雄主義から犠牲者意識ナショナリズムへと形を変えた。記憶のグローバル化時代に国際社会から共感を得るためには、自分たちの民族こそが犠牲者だと哀訴するほうが効率的だ」としている（『犠牲者意識ナショナリズム──国境を超える「記憶」の戦争』澤田克己訳、東洋経済新報社、２０２２年）。小国なのに強く、豊かな国を造ったという英雄主義によるナショナリズムではなく、この犠牲者意識ナショナリズムが、ポーランド、韓国、イスラエルで見られることを危険視する。

関東大震災での朝鮮人の犠牲者性に関して、小池氏や松野氏のようなバランスを欠く「知らぬ存ぜぬ」は、逆説的ではあるが、韓国における犠牲者意識ナショナリズムの排他性をいっそう助長させる効果を生むのではないか。

「事務総長として経理、会計業務には一切関与していなかった。収支報告書に記載されているかも含め、パーティー収入の取り扱いは認識していなかった」とは、２０２４年３月１日に開かれた、自民党派閥の政治資金パーティー裏金事件を受けた衆院政治倫理審査会での松野氏の発言だ（時事通信、2024年3月1日）。この「知らぬ存ぜぬ」が、多くの日本国民の政治不信をかえって助長させる効果を生んだのと同様である。

第三章　尹錫悦政権下の韓国社会の「分断」と日韓関係

1．新旧両政権と「国格」論争

「外交惨事」「外交欠礼」という言葉

２０２２年5月に尹錫悦政権が発足してからも、日韓間の外交関係が回復するまでには一定の時間を要した。

同年9月21日、ニューヨークで岸田文雄総理と尹錫悦大統領が「懇談」した。共に、国連総会出席のため滞米中であった。「懇談」と書いたのは、日本側が「首脳会談」であると位置付けていなかったからだ。外務省のホームページでも、「日韓首脳間の懇談」（２０２２年9月21日）と表記されている。

当時、このことをめぐって、共に民主党の陳聲準《チンソンジュン》議員は国会で次のように糾弾したことがあ

る（「第400回国会（定期会）国会本会議議事録（臨時会議録）」第9号、国会事務処、2022年9月29日）。

韓日首脳の会談は国民に深刻な屈辱感を抱かせた。海外歴訪に出る前の9月15日、金泰《キムテ》孝《ヒョ》国家安保室第1次長は、米国と日本が快く首脳会談に応じたと発表したが、日本はこれをすぐに否定して、外交慣例に合わない一方的な発表に対して、強く抗議した。そのために、尹錫悦大統領は岸田日本総理と会うために、国連駐在日本代表部がある建物まで、韓国記者団も同行せずに訪ねて、最小限の会談形式も持てないまま、会談しなければならなかった。日帝下強制動員被害問題など、両国間の重要な外交懸案については、何の進展も見せることができなかった。政府は首脳会談と言っているが、日本は懇談だと評価を切り下げた。甚だしくは、韓国の体面を救ってやるから、これからはその代価を払えとするかのようだ。国民は、今回の韓日首脳の会談について、過程は拙速外交、形式と内容は屈辱外交だと評価している。このような事態を招いたことに対して、主務長官である外交部長官に重い責任を問わざるを得ない。

これは共に民主党が提出した当時の外交部長官であった朴振《パクチン》氏の長官職を解任させる建議案（同党の単独採決で可決）の提出理由を述べた一部だ。「9月18日から24日まで、尹錫悦大統領の英国・米国・カナダ歴訪外交が何の成果もなく、国の品格損傷と国益棄損という前代未聞の外交的惨事を引き起こしたことに対して、主務長官として厳重な責任を負わなければならない」からだとも説明した。「米国議会と大統領を卑下し、侮辱したものとして、一国の大統領が外交現場でむやみに口にしてはならない暴言だ」と、糾弾した。

ここで使われている「外交的惨事」または「外交惨事」という用語は、共に民主党が尹錫悦政権を攻撃する際に頻繁に使ってきた用語である。

対米外交で「暴言」を吐いたとするが、外交の当事者である米国からは抗議すらないのにもかかわらず、「外交的惨事」として責めた。「暴言」とは、9月21日、ニューヨークでの国連総会後、バイデン氏が主催するイベントに出席後の尹錫悦氏が、帰り際、歩きながらの朴振氏との雑談で発した、聞き取りにくい言葉をめぐるものだ。韓国記者団を代表して取材したMBCテレビが、尹錫悦氏の微かな声を拾って、「国会で、この野郎たちが承認しなければ、バイデンは赤っ恥をかくだろうな」と字幕をつけて報じた。大統領が「この野郎」という言葉を使い、同盟国の首脳を呼び捨てにしたと、大騒ぎとなった。

ＭＢＣには、文在寅政権期に同政権に近い人物が多数送り込まれており、国民の力はその報道姿勢に以前から疑問を呈していた。ＭＢＣの姿勢に最も批判的なメディアである『朝鮮日報』は、「聞こえない大統領の言葉を字幕で報道したＭＢＣ、根拠を明らかにしなければならない」（社説、２０２２年9月27日付）と主張した。ここでも、政界だけでなく、メディアも巻き込んだ韓国社会の「分断」ぶりが露呈された。

なお、安倍晋三元総理の国葬の後に訪韓したハリス副大統領は、「暴言」をめぐる騒動と関連して、「韓国国内の議論について、米国側としてはまったく意に介さない。バイデン大統領は尹大統領に対して、深い信頼を持っており、先週ロンドンとニューヨークで行われた尹大統領との出会いについても、満足に思っている」と述べ、共に民主党の主張には同調しなかった（「尹錫悦大統領、ハリス米副大統領との接見結果」、大統領室ホームページ、２０２２年9月29日）。

一方、尹錫悦政権発足後、韓国の政府や政治家が中国政府に向かって「外交的欠礼」という言葉を使う出来事もいくつかあった。

たとえば、２０２３年4月20日、韓国の外交部スポークスマン室は、「力による現状変更に反対するという国際社会の普遍的原則を、わが国の首脳が言及したことに対して、中国外交部スポークスマンが口にしてはいけない発言をした。中国外交部スポークスマンの発言は、中国の国格（国としての品格）を疑う深刻な外交的欠礼であると指摘せざるを得ない」という立場を表明する文書を、記者団へ配信した（『中央日報』電子版2023年4月20日付）。

これは、尹錫悦大統領が前日配信されたロイター通信のインタビューで、台湾情勢を指して、「現状変更の試みで起きた。われわれは国際社会と共に絶対に反対する」、「台湾問題は中台間だけでなく、北朝鮮と同じような国際問題だ」などと表明しところ（ロイター通信、2023年4月19日）、中国が猛反発し、「台湾問題は中国の内政で、他人の口出しは許さない」と中国側スポークスマンが発言したことに対して（「2023年4月20日外交部発言人汪文斌主持例行記者会」、外交部ホームページ、2023年4月20日）、さらに韓国側が「外交的欠礼」と反応したのだ。

「外交的欠礼」であれ、「国格」であれ、日本ではあまり耳にしない文言であり、ましてや外交当局が使うことはまずない。

ここでは、文在寅政権期と尹錫悦政権期に繰り広げられた「外交的欠礼」と「国格」をめぐる出来事を手がかりに、その意味や韓国社会の分断ぶりを検討してみたい。

政府公式SNSに「衰退する日本」を喧伝した文政権

文在寅政権下では、日本が「外交的欠礼」の対象となった。韓国海軍が自衛隊機へレーダーを照射した事件（2018年12月）をめぐって、日韓の実務者協議が堂々巡りとなってしまったため、2019年1月に防衛省が協議を打ち切る方針を示した。すると、当時の文在寅政権下で与党だった共に民主党は「安倍政権の一方的な対話中断宣言と、友邦国に責任をなすりつける外交的欠礼を強く糾弾する」（「洪翼杓《ホンイクピョ》首席代弁人、懸案書面ブリーフィング」、共に民主党ホームページ、2019年1月22日）と日本を非難した。

その一方で、同じく文在寅政権下で、韓国が日本に対して「外交的欠礼」をしていると指摘される事件が、2021年7月、韓国国内で発生したことがある。

この指摘を最初に報じた『韓国経済新聞』電子版（2021年7月15日付）の記事は、次のような書き出しで始まる。「外交欠礼」、「国格」という言葉が登場するのだ。

> 文化体育観光部が、政府公式宣伝物に「衰退する日本」という文言を入れて、『外交欠礼』を犯したという指摘が提起されている。ある国家の政府が公開的に特定国家を蔑むことは、むしろ国格を傷つける行為だとの批判である。現在では同部はそれを修正済みだ。同部国

写真4

衰退する日本
「先進国」格上げ　大韓民国

日本、コロナ防疫失敗と
経済沈滞で国力低下が続く
朝日新聞「日本政府無能」批判
・「輸出規制は悪手…愚策の極み」

韓国国力は飛躍的成長
国連貿易開発会議
「韓国の地位、開発途上国→
先進国」に変更

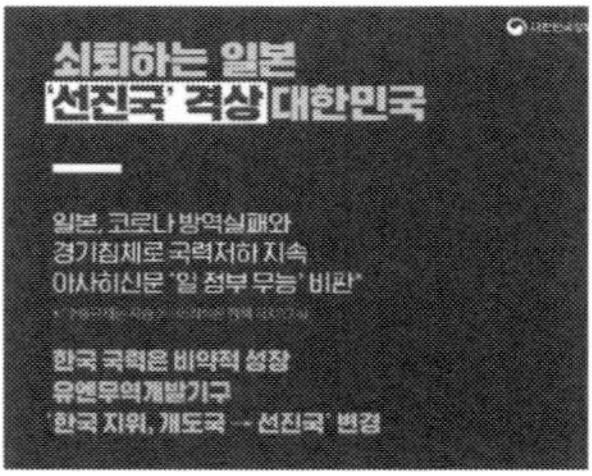

民疎通室は、去る8日、「大韓民国政策ブリーフィング」のホームページに「衰退する日本、先進国へ格上げとなった大韓民国」という題名のカードニュースを掲示した。

「カードニュース」とは、スマートフォンで見ることを主に意識した広報や宣伝方法によるネット上の掲示ページである。1枚のカード毎に写真や文字によって一目でわかるように書かれていて、これを1枚ずつめくりながら、読むものだ。

当時、「大韓民国政策ブリーフィング」という政府広報のホームページ（2021年7月8日）からスクリーンショットしたものが、**写真4**である。左がその文言を和訳したものである。自国称賛を強調する効果としたいのか、日本をいわば「ディスる」という構成なのだ。

『韓国経済新聞』の記事によれば、「大韓民国政策ブリーフィング」を編集する文化体育観光部国民疎通室が、ある大学教授の寄稿文を参考にして、このカードニュースを編集したという。その寄稿文は、韓国はコロナ禍でも飛躍的な経済成長を成し遂げた反面、日本はコロナ防疫の失敗と景気低迷などの国力の低下状態が続き、両国間の貿易も重要性が衰退しているという内容だ。

日本では、国の広報を担当するのは内閣府大臣官房政府広報室である。同一の機能を完全に帯びているわけではないが、韓国では文化体育観光部国民疎通室がそれに相当する。同部の機構を見ると(「組織図」、文化体育観光部ホームページ)、文化芸術政策室、コンテンツ政策局、著作権局、メディア政策局、国民疎通室、体育局、観光政策局などの部局がある大きな官庁だ。コンテンツ政策局には、大衆文化産業課や韓流支援協力課などがあり、この官庁は文化政策の司令塔でもある。これらの文化政策の担当部署と、政府広報担当の国民疎通室は、縦割りであってあまり関係はないのだろう。それでも、「文化」「体育」「観光」という国際親善のツールとなる名称が付いているだけに、他国を「ディスる」発信が行われるには最も似つかわしくない官庁である。

これは、当時の政権の対日政策に対しての担当官庁による忖度、あるいは同調圧力を受けての対応によるものだったと言ってよいであろう。

国際的な規範の視点からの異議申し立て

他方、文化体育観光部国民疎通室によるこの一件は、現代韓国社会において、他国、それも日本を「ディスる」ことで優越感を得て、溜飲を下げることに対して拒否感があることも証明した。

前述した『韓国経済新聞』の記事によれば、市民Aは所定の手続きによって、カードニュースを製作した担当者、決裁権者への懲戒を、国務総理直轄の国民権益委員会が開設する「中聞鼓」（李朝時代に民衆の直訴をできるようにした同名の太鼓から付けられたオンライン上の目安箱）を通じて要求した。「大韓民国の顔である国民疎通室が、特定国家を蔑視し、小馬鹿にする表現を使ってカードニュースを発信する行為は『外交的欠礼』に該当し、望ましくない。むしろ大韓民国の国格が毀損され、威信が地に落ちたと肝に銘じなければならない」と、Aは主張したという（『韓国経済新聞』電子版2021年7月15日付）。

同紙だけでなく、他のメディアも同部の対応に疑問を投げかける報道をした。そのなかには、国の広報機関が特定国家を公開的に蔑むことの不適切さの問題意識から、異議申し立てする人たちの話も載っている。

ネット上には、「どこの国に公式宣伝物へ、他国の悪口を書き込む政府があるのか」、「これ

写真5

大韓民国の国力度
2年前に比べて大きく成長

韓国経済規模　世界10位圏
全世界輸出の比重7位レベル

国連貿易開発会議でも
先進国に所属グループを変更

いまや先進国対先進国
日本と対等な立場が可能に

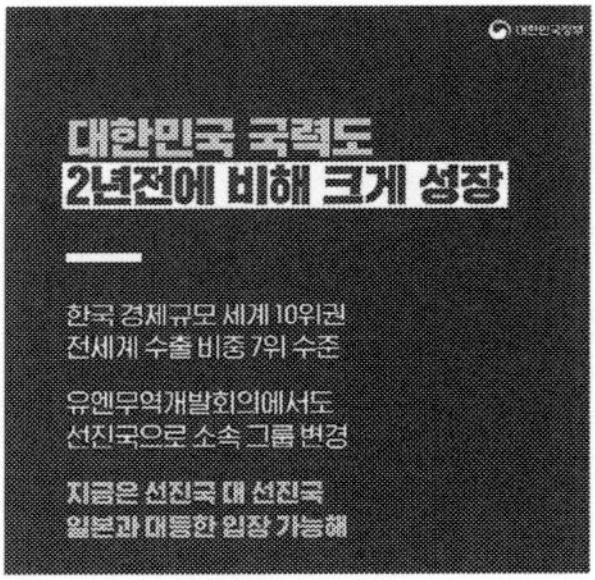

が政府の公式資料だなんて」、「外交的な利益でもあるのか」、「北朝鮮に対して、同じことをやってみろ」、「反日感情を利用して、国民を扇動するという点がさらなる大きな問題」といった意見が書き込まれたという（『ファイナンシャルニュース』2021年7月15日付）。こうした声を背景に、文化体育観光部はカードニュースの文言を、「大韓民国の国力度2年前に比べて大きく成長」などと修正したものに差替えた（**写真5**）。

これよりも1カ月前の同年6月にも、同部は「騒動」を起こしていた。文在寅大統領（当時）が招待されたコーンウォール（英国）でのG7の集合写真を、同部は「写真1枚で見る大韓民国の位相」というタイトルを付けて、同部が運営するフェイスブックへアップしたのだ（**写真6**）。日本の首相官邸のホームページに掲載されたもの（**写真7**）と比較するとわかるが、その際、左端にいた南アフリカのラマポーザ大統

写真６

文化体育観光部フェイスブック（2021年６月12日）。写真の下に「写真１枚で見る大韓民国の位相」というタイトル

写真７

首相官邸ホームページ（2021年６月12日）。
丸囲みが南アフリカのラマポーザ大統領

領を削除して掲載していた。このため、これも「外交的欠礼」として同部へは批判が殺到していたのだ。そこをカットしたことによって、相対的に文在寅氏がセンター寄りとなり、ラマポーザの右にいた菅義偉総理（当時）が左端となった。キャプションには、「この場、この姿が、大韓民国の位相だ。われわれはこれほどにまで来たのだ」とも書かれていた。これも、騒動になり、その後に差し替えられた（『朝鮮日報』電子版2021年6月14日付）。

このようなことが前月にあったからこそ、「衰退する日本『先進国』格上げ　大韓民国」の一件は、「また『外交欠礼』騒ぎ……政府『衰退する日本』の投稿を修正」（『東亜日報』電子版2021年7月15日付）といった見出しで、多くの新聞やネットメディアが報じたということだ。

「外交的欠礼」という言葉は古めかしい一方で、カードニュースのコピーや写真のキャプションに書かれているような国威発揚的なフレーズによって、多くの人々が愛国心をくすぐられるという社会では、もはや韓国はなくなっている。「反日有理」というわけでもなく、国際的な規範から外れることには、異議申し立てが出る。

「クッポン」と国外への拡散

ここまで検討した文化体育観光部による自画自賛への反発の事例は、国際的な規範からの立場だけでなく、時の政権に批判的な立場ゆえに、その問題点を突いている面もあるだろう。

それでも、朴槿恵政権の頃から、過剰な愛国心はダサい中毒のようなものだと揶揄する新語が登場している。それを「クッポン」と呼び、この言葉は主に若者が使っている。クッポンとは、韓国語での「国」漢字語音クッと「ヒロポン」（覚醒剤：日本由来の言葉と思われる）の造語である。

日本では、愛国心、愛国主義、民族主義は右派の専売特許のように思われるが、現代韓国ではむしろ左派のほうがその傾向が強いほどだ。左右両派とも、愛国心や民族主義を批判の対象としてこなかったといったほうが正確であろう。クッポンとは、こうした韓国社会への揶揄である。

クッポンの底流には、過度の競争社会や格差社会となった自国に対して、「そんなに誇らしいのか」という若者らの強い疑問がある。同時に、自画自賛する光景を他国が見たら恥ずかしいという思いもあるだろう（詳細は、小針進「韓国の国家ブランディング政策」石井健一・小針進・渡邉聡『日中韓の相互イメージとポピュラー文化～国家ブランディング政策の展開』明石書店、２０１９年を参照）。

先の文化体育観光部の広報は、韓国語による国内向け広報であった。ただし、インターネット時代で、しかもＳＮＳを使った広報なだけに、そのクッポンぶりはあっという間に国外へ伝わり、日本でもネット上で話題となった。「衰退する日本」のカットニュースは、『韓国経済新聞』などの韓国メディアが報じた翌日には、JB press（「韓国政府SNSで『衰退する日本』の記述、批判受けてそっと削除」、2021年7月16日）など日本のネットメディアが報じて、その後も他媒体のネットニュースが伝えて、日本で広まった。南ア大統領の写真をカットした件は、ほぼリアルタイムで韓国紙の日本語サイトが報じ、あっという間に拡散された。『中央日報』日本語電子版（2021年6月15日付）の場合は、「G7写真から南ア大統領カットした韓国大統領府」という見出しを付けた。

日本での韓国のニュースへの関心は高い。個別的なネットメディアの記事は、集客力が高いYahoo! ニュースやSmart Newsといった巨大なプラットフォームを通じても配信される。これらを通じた韓国関連の記事はページビュー数（PV数）も大変な数と思われる。JB pressも『中央日報』日本語電子版も、2つのプラットフォームを通じた配信もされている。

つまり、国内ニュースはもはや国内にとどまらず、簡単に国境を越え、無料配信されるプラットフォームを通じて、届いた先の言語で読まれるという構造になっている。新聞や雑誌の記事と言えば必ずお金を出して買わなければ読めなかった時代とは異なり、いまや国際的なニュースに接する層は広範になっている。文化体育観光部が震源地となった他国へ無遠慮な2つのニュースは、かなり広い範囲で、ほぼリアルタイムで、日本へ露呈してしまったと考えてよいであろう。韓国で憂慮されたように、「国格」が棄損されたとも言えるのだ。

韓国社会では、自国の価値が実際よりも「低い評価」を受けているという議論が以前よりある。これは「コリア・ディスカウント」と呼ばれており、「国格」を気にする土壌がある。だからこそ、「衰退する日本、先進国へ格上げとなった大韓民国」と政府広報が無遠慮に書けるのであり、こうした国威発揚の習慣化があまりにもダサいと感じる若い人からは、クッポンという言葉が発生するのだろう。

パブリック・ディプロマシーと歴代政権

韓国政府はパブリック・ディプロマシーを重視してきた。パブリック・ディプロマシーとは、日本の外務省の定義では「伝統的な政府対政府の外交とは異なり、広報や文化交流を通じて、民間とも連携しながら、外国の国民や世論に直接働きかける外交活動のこと」である（「広報文化外交」、外務省ホームページ、2023年7月21日）。国際社会の中で自国の存在感とイメージを高め、自国への理解を深めることに狙いがある。渡辺靖・慶應義塾大学教授は、「『プロパガンダ』ではないことが最良のプロパガンダ――パブリック・ディプロマシー」（渡辺靖『文化と外交』中公新書、２０１１年）としている。そして、「現実を意図的に隠蔽し、都合よく脚色することはもはや完全なる時代遅れであり、むしろ自らを批判できる『器の大きさ』や『自制力』、あるいは透明性や対話力といったものが、メタ（上位の）・ソフト・パワーを構成するようになっている」とも、渡辺氏は指摘する。

南ア大統領の写真削除は現実の意図的な隠蔽、「衰退する日本……」という文言は都合のよい脚色に相当するということになるだろう。これらは、国内の政府広報で使われたものであって、パブリック・ディプロマシーの材料として利用されたものではないが、前述したように国内ニュースは瞬時に国境を越えてしまうので、政府広報によってもたらされる結果に、国内向けと海外向けの区分がもはや存在しない。また、いずれの広報も「器の大きさ」や「自制力」からは程遠い。

実は、歴代政権のうち、文在寅政権がパブリック・ディプロマシーに最も無頓着だった。だからこそ、稚拙な政府広報が露呈したともいえる。特に、歴代政権が重視してきた国家ブランディング政策をはっきりとは示さなかった。たとえば、金大中政権から李明博政権までは「Dynamic Korea」を、朴槿恵政権は「CREATIVE KOREA」を、国家ブランディングのスローガンとして設定したが、文在寅政権は「CREATIVE KOREA」を引き継がなかったどころか、新しいスローガンも定めなかった（「韓国の国家ブランディング政策」、前掲）。

国家ブランディングとは、まさに「国格」のことであり、これを高めることによって、観光客の誘致、投資の活性化、輸出の増大などの目標を実現させようという概念でもある（キース・ディニー編『国家ブランディング―その概念・論点・実践』林田博光・平澤敦訳、中央大学出版部、2014年などを参照）。金大中政権下で意識されはじめ、李明博政権ではその政策を後押しする大統領直属の「国家ブランド委員会」まで作られた。

尹錫悦政権と「国格」論争

尹錫悦政権でも、国家ブランド委員会は作られなかった。また、スローガンも定められなかった。この点は、文在寅政権と共通している。また、先に韓国政府が中国政府へ向けて「外交欠礼」と抗議したと紹介したが、尹錫悦自身が外遊中の発言から「尹大統領は就任後、外交欠礼の事例を繰り返している」（『ハンギョレ新聞』電子版2023年1月19日付）といった批判を国内で受けている。2023年1月15日、アラブ首長国連邦（UAE）を訪問した際、「UAEの敵はイランであり、われわれの敵は北朝鮮だ」と不用意な発言をして、イランを刺激したからだ。前述したように前年9月の訪米時、バイデン大統領との会談直後には歩きながら、「この野郎」という言葉を発したとも報じられ（本人と大統領室はこれを否定）、野党から「外交的惨事」という文言で攻撃された。

また、「国格」論争にもさらされる場面が尹錫悦政権にもあった。それは、２０２３年８月に全羅北道セマングムで開催された「世界スカウトジャンボリー」で熱中症患者が続出したり、衛生面などでの不手際で「準備不足」が内外から指摘され、「失敗」と評価されたことが発端だった。これには、文在寅氏がフェイスブックに「セマングム・ジャンボリー大会でわれわれは多くのものを失った。国格を失い、誇りを失った。国民が恥をかいた」と、８月13日に書いた。「人による準備が足りなかったので、天も助けてくれなかった」、「大会誘致当時の大統領として謝罪と慰労の気持ちを伝える」としたものの、事実上の現政権批判である（『朝鮮日報』電子版２０２３年８月13日付）。『準備不足で、神も助けなかった』という文の厚顔無恥」（『文化日報』２０２３年８月14日付、社説）と文在寅を批判する保守系紙の論調もあったが、全般的な世論としては失敗の主たる批判は現政権へ向いた。

文在寅氏の書き込みの翌日、尹錫悦氏は「経済の対外依存度が世界で最も高いわが国は、国家ブランドイメージが何より重要だ」、「ジャンボリーを無難に終わらせたことで、国家ブランドイメージを守るうえで大きな役割を果たした宗教界、企業、大学、複数の地方自治体に感謝し、ジャンボリー隊員たちを喜んで受け入れてくれたわが国民にも感謝する」と、発言した（「尹錫悦大統領主宰首席秘書官会議関連李度運代弁人書面ブリーフィング」、大統領室ホームページ、2023年8月14日）。「失敗」が世間の認識であったのに、「無難」と表現したので、「国際的恥さらしが確かだったのを誰も否めない。国政責任者である尹大統領が、正式に謝罪から始めなければならない」、「全世界的の恥さらしに国格まで失墜した」（『京郷新聞』2023年8月15日付、社説）と進歩系紙は社説で書いた。

2023年11月には、2030年の万博開催地として釜山が名乗りをあげていたが、サウジアラビアの首都リヤドに、予想外の大差で敗北した。誘致失敗で尹錫悦氏は国民に「釜山市民をはじめとする国民の皆さんを失望させてしまったことに対して、誠に申し訳ないという言葉を送ります」と謝罪したが（「尹錫悦大統領主宰首席秘書官会議関連李度運代弁人書面ブリーフィング」、大統領室ホームページ、2023年11月29日）、野党議員からは「国益追求どころか、国格失墜、外交惨事を引き起こす尹錫悦政権の無能ぶりを嘆く。大統領ひとりを間違って選べば、国民のみんなが苦労する」（鄭清来《チヨンチヨンレ》・共に民主党最高委員、2023年12月13日）といった「国格」発言が飛び出している（ニューシス、2023年12月13日）。

韓流と日本からの「眺め」

ところで、韓国の国家ブランディング政策とよく対比されるのは、クールジャパン政策だ。日本国内で同政策への評価は低い。たとえば、石鍋仁美・日本経済新聞編集委員は、『『クールジャパン政策』の末路　ファンド、３００億円超の累積赤字」（『日経産業新聞』２０２３年１月19日付）と題した記事で、同政策を英国や韓国の事例と比較しながら、次のように評している。

> そもそも英国や韓国の場合、政策が支援する主な対象は個別の商品や事業ではない。英国では、英語国という強みを生かし海外からも一流の人材、若い才能を集め、英国発で優れたものを発信した。韓国は映画学校をつくり、米国から指導者を招き人材を育てた。音楽や芸能では米国在住の韓国系の人々とのつながりを生かし、ヒップホップなど米国の新しい音楽の要素を取りいれた。どちらも「今あるものや人だけで世界攻略は難しい」という謙虚さがあった。／日本の場合、「日本にはすでにスゴいものがある。または作れる。ただ、知られていないだけ、やっていないだけ」という意識が垣間見える。CJの投資先に、日本作品専門の発信チャンネルや、日本のものだけを集めた小売店の運営があった。

どちらも失敗し終了、譲渡している。「日本」を掲げるのは企画として説明しやすいが、消費者が集まると考えるのは慢心だ。

BTSの世界的な人気を例に出すまでもなく、日本大衆文化よりも韓流のほうが、海外での影響力は大きい。韓国の国家ブランディング政策にとって、韓流は有力な武器であり続けてきた。

他方、日本から韓流への「眺め」として、韓流は韓国政府の主導で人為的に作られたものであるといった言説、あるいは個別の事務所や芸能人へ政府が補助金を多く投入しているといった言説を耳にすることがある。

これについて、韓国の専門家に聞いたことがある。韓国文化観光研究院の蔡芝栄《チエジヨン》研究員に筆者がインタビュー（2023年7月14日）したところ、次のように説明してくれた。

今は大きな企業となったSMエンターテインメント（東方神起などが所属）、YGエンターテインメント（BIGBANGなどが所属）、JYPエンターテインメント（TWICEなどが所属）などだが、これまで政府から受けた支援はほとんどない。かつては文化産業が海外で売れるとは考えにも及ばず、産業の視点からは接近しなかったために、これらを政府が支援するということは考えにも及ばなかった。

ただし、不法コピー（韓国国内での韓国文化産業の海賊版）が蔓延した時、文化体育観光部がこれを防止しようと努力したが、同部が強力な法的パワーを有していなかったため、大きい役割をすることができなかった。

結局、各企業は自ら海外へ進出して、今の成果を作り出した。海外進出初期には、詐欺にあったり、収益金の大部分を現地の会社に持って行かれたりするなどの困難をたくさん体験したが、これも政府が支援することもなかった。

今は文化産業が脚光を浴びていて、文化体育観光部も企画財政部（国家予算担当部署）から、予算をだんだんと増額して獲得している。しかし、その予算の多くの部分が技術面に投入されている。たとえばメタバース、人工知能（AI）、非代替性トークン（NFT）などの技術である。そして、文化コンテンツに対する出資は、「出資」に値する大義名分が重要なので、企業に対する直接的な支援よりも、文化多様性、新進養成などに絞られており、大企業は相対的に政府の「出資」を受けにくい状況だ。

最近、映画「パラサイト」などの製作で有名な韓国最大の文化コンテンツ企業であるCJが政府に要請しているのは、コンテンツ製作費に対する税金の減免または、払い戻しだ。

米国やカナダは、この制度を非常にたくさん活用している。文化体育観光部も、これに対しては積極的に動いている。同部は、税制措置を所管としていないので、他部署を説得している。大企業に対する直接的な支援よりも、同部は側面支援に徹している。

まとめると、政府は韓流ブームを（人為的に）作ることはできないものの、韓国の文化産業が発展するうえでは、大きく寄与している。小さい企業やベンチャー企業を育成して、1つか2つだけでも成功すれば、未来の韓国文化産業に大きく寄与すると思う。これまでよりも、未来への寄与がさらに期待される。

尹錫悦政権も、外交政策において韓流を重視してきた。「自由・平和・繁栄のインド太平洋戦略」と題した外交戦略の最終報告書（2022年12月28日）でも、「K-POPなど韓国音楽、映画、ドラマ、ゲーム等、韓流文化（K-culture）の創意的なコンテンツに対する、全世界的な好感とこれをベースとするわが国のソフト・パワーを媒介に、インド太平洋地域内の多様な文化と共感して交流しながら、協力的な公共外交を推進していくだろう」と位置付けている（「尹錫悦政府の『自由・平和・繁栄のインド太平洋戦略』最終報告書発表」、大統領室ホームページ、2022年12月28日）。

日本への影響に関して、韓国ドラマだけに限って見ても、２００３年の「冬のソナタ」からコロナ禍での「愛の不時着」に至るまで、社会現象とも呼べるほどの存在感を日本社会で示した。これは韓国の国家ブランディングにとってプラスとなった。

それでは、文化の力によって、日本における韓国への「眺め」が安定的にプラスへ転じたかというと、そうではない。これまでに、何度か訪れた韓流ブームによって、各種世論調査では日本人の韓国に対する親近感が全体として増すことはあったが、韓国の大統領の言動（李明博氏の竹島行き、朴槿恵氏による度重なる対日批判、文在寅氏の極端な対日姿勢）などの悪影響と思われる要因によって、それが全体として急減してしまうことが繰り返されたという推測は第1章で検討した通りである。

もっとも、文化の力によって、その文化の嗜好と合致しやすい層が、良好な隣国観になることはありえるだろう。第1章の**表1**で紹介した、２０２３年9~10月に内閣府が実施した「外交に関する世論調査」で、韓国に「親しみ」を感じるとした人の性別と世代別の割合分布のように、男性（４７・２％）よりも女性（５８・１％）が10ポイント以上も高い点、20代の女性は７６・４％と著しく高い点などは、韓流の影響が見込まれる。

一方、30~69歳の男性は低い。この層にも、韓国の文化に関心を持つ人もいるが、それが主流ではないことの表れとも考えられる。この層は、文化そのものではなく、たとえば、プラットフォームを通じて配信された記事などで知った文在寅政権期の無遠慮の対日外交などの政治的姿勢の記憶のほうが、韓国観で大きな位置を占めるのだろう。

一般に、政策決定者（政治家、官僚）は中高年以上が多く、性別では女性よりも男性が多い。たとえば、同調査が実施された頃に発足した第2次岸田再改造内閣の場合、総理を含めた閣僚（19人）の平均年齢は63・5歳、女性閣僚の比率は26％にとどまった（『日本経済新聞』2023年9月14日付）。同内閣での副大臣・政務官（計54人）は女性が皆無だと話題にもなった。

さらに、各種選挙での投票率は若年層よりも高年齢層のほうが高い。たとえば、この調査の3カ月前の2022年7月に実施された参院選の場合、総務省の統計によれば、20代の投票率は33・99％であり、60代（65・69％）の約半分である（「参議院議員通常選挙における年代別投票率の推移」、総務省ホームページ）。

政策決定者とそれを選ぶ者の属性と韓国文化好きと思われる層の属性には乖離がありそうだ。厳密な相関関係を主張するものではないが、二国間で文化交流が進んでいるからと言って、これを過大評価してはいけない構図と見ることはできるだろう。

李朝時代の「党争」を髣髴とさせる光景

国家元首に向かって、他国の外交当局のスポークスマンレベルが「他人の口出しは許さない」と発言すれば、黙殺することはできないのは当然である。先に紹介したように、中国外交部のこうした発言に対して、韓国の外交部幹部が「外交的欠礼」と応じた。

日本の場合、2005年5月23日に愛知万博に合わせて来日していた中国の呉儀副総理が、小泉純一郎総理との会談を直前にキャンセルして帰国してしまったという出来事があった。この時は、当時の町村信孝外相が「残念なことだと思っています。普通は人間同士でも、何か突然の用があることは仕方がないとしても、一言、悪かったとか何かそういうことを言わないと、人間社会は普通成り立ちません。何も外交的なマナーというオーバーな言葉を使わなくても、人と人とのつき合い方、信頼すべき人間同士のつき合い方がこういうことかという思いがします」(「外務大臣会見記録(平成17年5月)」、外務省ホームページ、2005年5月27日)と記者会見で述べ、中国側へ不快感の表明をした。

「欠礼」、あるいは「非礼」という直接的な言葉は使っていない。田中明・元拓殖大学海外事情研究所教授(2010年没)は、『物語　韓国人』(文春新書、2001年)で「現代の韓国人が事大主義を、他者依存の唾棄すべきものとして非難し、神経質なくらいに自分たちの『主体性』を高唱するのは、後世の事大を身近なものとして見てきたからであろう」と、書いている。尹錫悦政権の外交部幹部が中国に向かって、文在寅政権期の与党幹部が日本に向かって、それぞれ「外交的欠礼」を叫ぶ際、この田中の指摘を想起する。

そして、「国格」をめぐる与野党間または保守系紙と進歩紙の論争からは、李朝時代の凄まじい政派間の権力闘争である「党争」を髣髴とさせる。田中氏は李朝以来の儒教知識人の思考方式を「自己を相対化できず、おかれた条件を直視せず、名分論をかざして黒か白かを迫り他者を斬る発想」と同書で表現している。尹錫悦政権下での世界スカウトジャンボリーや釜山万博の誘致失敗をめぐるやり取りは、この延長であり、韓国社会の分断が深化している過程でもある。

日韓間の政治・外交関係が「復元」されたと言ってよい2023年1年間の両国間では、首脳会談が7回、外相会談が6回も開かれた。GSOMIA（軍事情報包括保護協定）の正常化（3月）、輸出規制問題解消と「ホワイト国」相互復帰（4月）、7年ぶりの財務相会談（5月）、初の経済安保協議（5月）、3年半ぶりの防衛相会談（6月）、7年ぶりの日韓財務対話（6月）、9年ぶりの外務次官戦略対話（10月）の各開催、両国中央銀行間での通貨スワップ協定締結（6月）、海上自衛隊護衛艦「はまぎり」の釜山入港（5月）など、「復元」の急進展ぶりがわかる。

北朝鮮によるミサイル発射が続き（計18回）、その度に日韓および日米韓が連携されたこともあり、5月には日米韓首脳共同声明が発出された。

しかし、韓国社会の分断が深化している以上、「党争」の流れ如何によっては、こうした日韓間の政治・外交関係の「復元」状況の持続性や安定性には、疑念が持たれる。後述するように、2024年4月10日に投開票が行われた総選挙で大勝した野党第一党の共に民主党は、尹錫悦政権の対日政策に揺さぶりをかけてきた。さらに、領土問題や歴史認識をめぐって韓国で「異見」が存在し続ける以上「国格」論争が与野党間で繰り広げられることもありえよう。それによって、日本人の韓国への「眺め」にも変容が見られるだろう。

2．尹錫悦政権の中間評価

葛藤が目立った新旧政権移行と良好なスタート

尹錫悦政権の与党である国民の力が総選挙で大敗したのは、大統領への中間評価の性格を帯びていたからだ。ここで、同政権の歩みを整理しておきたい。

そもそも、尹錫悦氏は検事出身であり、政治経験は一切なかった。2022年3月に実施された大統領選での得票率は48・56％であり、次点の李在明氏（共に民主党）の得票率（47・83％）との差がわずか0・73ポイント（24万7077票差）であった。まさに薄氷の勝利で大統領に就任したわけだ。

前述してきたように、これは韓国社会が真っ二つに「分断」していることの反映でもある。したがって、尹錫悦氏に対する国民全体の期待値は、けっして高くなかった。政権発足直前に韓国ギャラップが実施した世論調査（2022年4月5〜7日実施、n＝1004）では、「今後5年間、大統領として職務をよく遂行するだろう」と答えた人は、56％だった。過半数には達したが、大統領選での得票率をわずかに上回る期待値に過ぎなかった。李明博、朴槿恵、文在寅の各氏が政権発足前に行われた韓国ギャラップの世論調査では、80％前後の期待値があった。

こうした状況を反映して、文在寅氏からの政権移行の時期（2022年3〜5月）における、前政権からの引継ぎはスムーズではなかった。歴代の政権移行を見ると、現大統領が次期大統領へ、現政権が次期政権へ、協力姿勢を示してきた。たとえば、金泳三《キムヨンサム》政権下の1997年12月に次期大統領が野党候補だった金大中氏に決まった際、当選2日後には金泳三氏が金大中氏をランチに誘って会談し、1998年2月に大統領職をバトンタッチするまでの間、毎週、両氏は会談した。この期間中は、立場が入れ替わる与野党間の政治対立も自制気味だった。

文在寅氏から尹錫悦氏への移行期の場合、両氏が会ったのは、尹錫悦氏の当選確定(3月10日)から半月以上も過ぎた3月28日であり、その後、定期的に会談することもなかった。

最も大きな葛藤要因となったのは、大統領執務室を移転する問題であった。これまでの大統領官邸(青瓦台)は、ソウル中心部の古宮・景福宮の背後に御殿のようにそびえている。国民との距離を縮めて、実務を重視する立場から、尹錫悦氏は「脱青瓦台」を大統領選の公約にしていた。当初は、都心の官庁である光化門地区への移転を掲げたが、物理的に難しいことから、国防部庁舎がある龍山地区へ移す計画を尹錫悦氏側は3月20日に発表した。文在寅政権サイドはこれが気に食わず、新政権側を「占領軍」呼ばわりした。

「過去にも大統領と当選者が共存する権力交代期に葛藤があったが、今回のような全面戦は前例がない」(『中央日報』電子版2022年4月1日付)と評された。5月10日の大統領就任後も、まるで大統領選の結果を承服しないかのような発言を共に民主党幹部は繰り返した。

それでも、新政権発足直後のご祝儀相場もあって、大統領就任式から22日後に実施された統一地方選挙(2022年6月1日投開票)では与党が大勝した。17の広域団体首長(1特別市長・6広域市長・1特別自治市長・8道知事・1特別道知事）は、国民の力が12、共に民主党が5となり、国民の力が圧勝した。2018年の統一地方選では、自由韓国党（国民の力の前身）が2、共に民主党が14、無所属1であったので、二大政党の立場がオセロゲームのように完全に入れ替わった。政権にとっては、良いスタートダッシュであった。

検察出身者の大挙起用人事などで支持率急落

ところが、尹錫悦氏が大統領に就任して3カ月も経たないうちに、その支持率が信じがたいほど落ち込んだ。韓国ギャラップの世論調査結果（8月2～4日調査、n＝1001）では、支持が24％、不支持が66％となったのだ（韓国ギャラップ「デイリーオピニオン」第506号、2022年8月5日）。

同調査で近年の大統領が在任中に支持率30％を初めて切った時期は、文在寅氏が就任4年目（2021年4月、29％）、朴槿恵氏が就任3年目（2015年1月、29％）であった（『毎日経済新聞』電子版7月29日付）。政権発足して3カ月時点での支持率は、金泳三氏71％、金大中氏71％、盧武鉉氏60％、李明博氏52％、朴槿恵氏42％、文在寅氏81％であった（いずれも韓国ギャラップ）。歴代大統領と比較すると、対照的だった。

支持率の急落は、遂行中の政策や路線への不支持というよりも、要職人事への不信感、政治スタイルの不評、与党内紛への失望などが要因となったようだ。

人事への不信感とは、閣僚級・次官級などの要職に検察出身者を大挙して配置したことなどである。学生時代からの知人を起用した人事もあった。なかには、事前の「身体検査」不足で辞退を迫られる人事も続出した。「ソ五男（ソウル大出身の50代の男性）」という造語ができるほど、高学歴の中年男性ばかりが占め、国民に感動を与えるサプライズ人事とは無縁だった。

検察は尹錫悦氏の古巣である。自らに近い人ばかりを起用し、政権発足から時間を経ても、検察出身者を重用する政権と思われてきた。検事出身者が起用された前例がないポストへも大勢が据えられた。たとえば、次官級である国務総理秘書室長、金融監督院長などの要職である。大統領室の主要ポストにも検察出身者が大挙抜擢された。「大統領室へ、そのまま検察組織が引っ越してきたような感じさえ彷彿とさせる」（「[ユ・チャンソンの是是非非]『検察共和国』や『ソ五男』を作ろうとしてはいけない」、『時事ジャーナル』電子版2022年6月20日号）と評された。

韓国では、長官級などを大統領が任命する前に、国会では大統領が指名した候補者に対する検証を行う「人事聴聞会」がある。国務総理は国会で任命同意案を通過させる必要がある一方で、長官級に関しては「人事聴聞報告書」を採択させるのが慣行となっているものの、「採択なし」で大統領が任命を強行することも可能だ。

尹錫悦政権発足後、候補として指名した者に対して、国会で多数派の共に民主党がことごとく反対して、「人事聴聞報告書」が採択されず、大統領が任命を放棄した長官級人事も相次いだ。そもそも、政権発足の前日の段階で、尹錫悦氏が任命した長官級18人（国務総理を除く）のうち、採択されたのは5人だけだった。これを受けて、尹錫悦氏は国会での採択が見込めないことに業を煮やして、自らが指名した候補者を「採択なし」で任命を強行していくことが常態化した。同氏の検察時代の最側近の検事で、政権発足時、法務部長官に任命された韓東勲《ハンドンフン》氏の人事も「採択なし」であった（同氏について、詳しくは後述する）。2024年11月までに「採択なし」で任命された要職は31人に達した（『東亜時報』電子版2024年11月25日付）。

もっとも、文在寅政権下の5年間でも「採択なし」で任命された要職の人事が34に及んだ。その度に、野党であった国民の力（前身である自由韓国党、未来統合党を含む）は、このことで同政権を非難していた。このため、国民の力と尹錫悦政権に対しては、ダブルスタンダードを意味する「ネロナンブルだ」という非難を浴びせる声も少なくない。

政治経験なきざっくばらんさも逆効果

尹錫悦政権の発足初期、新大統領の就任を強く印象付けたのは、「ぶら下がり会見」の実施である。大統領室に出勤してきた大統領が玄関入口で記者からの質問に応じたので、「ドアステッピング」と呼ばれていた。

前任の文在寅氏は大統領在任中、ぶら下がりの会見を行わなかった。「韓国では前の青瓦台の時代、大統領に質問してその答えを得られるのは1年に1回か2回あるかないかだった」(『朝鮮日報』2022年5月12日付)とも、指摘されてきた。それだけに、尹錫悦氏にすれば、ぶら下がりの会見はメディアへのサービスであり、そのざっくばらんな姿勢をアピールする狙いもあった。大統領室も「出勤する大統領へ常時的にドアステッピング→出勤する大統領を国民が毎日目撃して、出勤途中、国民の気がかりなことに関して、いつも答える最初の大統領」(「尹錫悦大統領就任1カ月、新しい10の変化」、第20代大統領室ホームページ、2022年6月9日)と、これをPRしてきた。

ところが、政権発足から6カ月を過ぎた2022年11月には無期限で「中断」となってしまった。きっかけは、ぶら下がり会見でMBCテレビ記者が厳しい質問をした際に、大統領が立ち去り、そのことで同記者と大統領室秘書官が舌戦となるトラブルがあったからだ。

首相官邸での日本のぶら下がり会見と異なって、「糾弾型」で臨みがちな韓国の記者側の姿勢にも問題があったが、そもそも、尹錫悦氏のざっくばらんさが裏目となって、事が大きくなることが多かった。

たとえば、尹錫悦氏は自らが起用した人材が問題視されると、その人をかばう発言を繰り返した。公正取引委員長候補のセクハラ発言が取り沙汰されるなどして、一連の人事の失敗を記者団から指摘されると、尹錫悦氏は「それならば、前政権で指名された長官のうち、そんなに立派な人を見たのか。他の政権の時と一度、比較してみたら。人々の資質を」と、反論して火に油を注ぐ結果となったことがあった（『中央日報』電子版２０２２年７月５日付）。かねてから失言癖も指摘されてきた同氏には、ぶら下がりの会見は逆効果を生んだ。新聞記者に対する姿勢も、政治経験が豊富な政治家と比べるとぎこちない点も多かった。政治経験がない、大物検事出身の目線やスタイルからは、傲慢さも垣間見えたのだ。

このため、むしろメディア側から「ぶら下がり会見不要論」さえ出ていた。「短く、核心的メッセージで国民を動かすには通常、準備に準備を重ねないといけない。間違えれば、『オーラル・ハザード』を引き起こす。（ぶら下がりの会見を）減らす必要がある。１週間に一度にしても、国民にとってなんということもあるまい。もう一つは『大統領らしさ』だ。国民は変わる。大統領候補と大統領を区別する。候補時は、アッパーカットの豪快さがすばらしく見えるが、大統領になった瞬間、国民は『大統領らしさ』を求める。国民が考える望ましい最高指導者像が明らかに存在する。『それが俺のスタイルではないか』ではなく、その指導者像に合わせねばらない」（「[金玄基《キムヒョンギ》の時視各角]日本の知人たちが問う3つの質問」『中央日報』電子版2022年8月4日付）と、大手紙のベテラン記者は書いていた。

旧政権の「清算」をめぐる対立

前職大統領を逮捕するという「政治報復劇」はないものの、前政権を「清算」する姿勢は鮮明であった。そして、国会で多数議席を握る旧政権の与党で、新政権下では野党第一党となった共に民主党が、これに対抗する政治的な構図が目立った。

たとえば、同党は国会で長官級の解任建議案提案を乱発した。朴振外交部長官（2022年9月）、李祥敏《イサンミン》行政安全部長官（同12月）、韓悳洙国務総理（2023年9月）の解任建議案を、それぞれ数の力で可決させた（その都度に大統領が拒否権を行使）。国務総理職の解任建議案の可決は、韓国憲政史上初めてのことであった。最高裁判所長官に相当する大法院長の任命同意案が、1988年以来35年ぶりに野党の反対で否決されるという事態（2023年10月）もあった。

政権の支持率が高くないなかでも、共に民主党の姿勢に対しては、批判の声が少なくなかった。外交部長官の解任決議案の場合、可決された日の4日前には、北朝鮮が約3カ月ぶりに1発の弾道ミサイルを発射し、可決前日は2発、当日にも2発を発射していた情勢下だったからだ。たとえば、共に民主党の姿勢を「けっして多数の議席を与えてくれた民意に合致するとは思えない。責任ある政党の姿とは言えない」(『ソウル新聞』2022年9月30日付、社説)と批判する声も少なくなかった。

同党は外交政策以外でも「難癖」をつけた。たとえば、文在寅政権期に法務部長官だった同党議員が、法制司法委員会の国政監査で「(座る)姿勢をちゃんとしろ」、「議員が質問したら、『はい、議員様。そのようにしてください』というのが礼儀だ」と声を荒げ、言われた法務部長官だった韓東勲氏が「はい、議員様。そうします」と答えるようなレベルの光景が見られた(『朝鮮日報』電子版2022年10月6日付)。

前述したように、同党のこうした姿勢の背景には、文在寅政権期に起こった出来事を「清算」しようとする尹錫悦政権に対する、強い牽制があった。たとえば、2022年9月末、文在寅氏に対して、在任中の2020年9月に黄海上で発生した北朝鮮軍による韓国人公務員の射殺事件をめぐって、当時の対応に関する書面調査を監査院が要請した。すると、「文前大統領は『監査院の書面調査要求は非常に無礼なことだ』という話をした」と、文在寅氏に近い尹建永《ユンゴンヨン》議員が2022年10月3日の記者会見で明らかにした。さらに、「文前大統領を直接狙った政治弾圧が露骨化している」と李在明氏も、これに加勢した。

一方、国民の力からは「文前大統領の『無礼』という発言は、朝鮮王朝実録にも見出し難い珍しい用語。まだ王がいる時代に住んでいると勘違いするようで残念だ」（趙修真《チョスジン》議員、2022年10月4日付）という声が出た。

2022年12月3日、ソウル中央地検は、文在寅政権下で国家情報院長（2017年6月〜2020年7月）と青瓦台国家安保室長（2020年7月〜2022年5月）を歴任した徐薫《ソフン》氏を逮捕した。同氏は、前政権の対北朝鮮政策を主導したキーマンだ。同射殺事件をめぐって、公務員が自ら北へ向かったと事件を隠蔽・矮小化するために、国家安保室長として職権乱用などを行った容疑だった。10月21日には事件当時の海洋警察庁長官（金洪熙《キムホンヒ》氏）と国防部長官（徐旭《ソウク》氏）も、同じ容疑で逮捕されている。徐薫氏は、12月9日に文在寅政権期の青瓦台高官として初めて起訴された。

検察のこうした動きも、野党と前政権の中心人物からは「政治報復だ」とする声が上がった。

たとえば、12月4日、文在寅氏はフェイスブックで徐薫氏を「最高の北朝鮮専門家」と称賛し、「韓米間で最上の情報協力関係を構築し、米国との緊密な共助の下で文在寅政権初期の北朝鮮核・ミサイル危機を乗り越え、平和オリンピックと米朝首脳会談まで実現させ、平和の大転換を作り出した」と力説した。文在寅氏は12月1日にも検察の捜査を念頭に、「安保体系を無力化する分別のない処置」と評して、「是非とも度を越さないことを願う」とする不快感を書き込んでいた。

文在寅氏らの見解に対しては、朱豪英《チユホヨン》・国民の力院内代表が「大韓民国の歴史上、最大の政治報復を行った政権がまさに文在寅政権だ」と、12月5日に開かれた党内の会議で主張した。「執権以来、積弊清算という美名の下1000人以上を調査して、実に200人以上を拘束した。安保専門家である国家情報院長を5人も拘束して、今になって徐勳前室長を安保専門家で大切な資産だとして、話を始めることが理解できない」とも反駁した。

尹錫悦政権発足の初期において、これまでの政権交代期でも見られる光景が繰り広げられたことになる。

様々な疑惑を抱える共に民主党の李在明代表をめぐる問題でも与野党の対立が先鋭化した。前述したように、同氏は尹錫悦氏と大統領の座を争った政敵でもある。城南市長時代の「大庄洞開発不正疑惑」と呼ばれる大規模な宅地開発をめぐる不正事件のほか、京畿道知事時代に北朝鮮への不正送金をめぐる外国為替取引法違反などの疑いだ。2024年11月15日、ソウル中央地裁は2021年の大統領選挙の過程で虚偽の発言をしたとして公職選挙法違反の罪に問われた裁判で、李在明氏へ執行猶予が付いた懲役1年の有罪判決を言い渡した。同氏は控訴したが、いずれの疑惑も晴れていない。

発言目立つ文在寅氏との差別化を意識する尹錫悦氏

旧政権をめぐる「清算」と与野党の対立が繰り返されるなかで、前述のように文在寅氏の言動が注目され続けた。

2023年8月、全羅北道セマングムで開催された「世界スカウトジャンボリー」をめぐって、文在寅氏が「セマングム・ジャンボリー大会でわれわれは多くのものを失った。国格を失い、誇りを失った。国民が恥をかいた」と、フェイスブックで発信し、尹錫悦政権の運営を暗に批判したことは、前節で書いたとおりである。

その翌月、文在寅氏は「9月平壌共同宣言」(軍事的緊張の緩和や経済協力事業の再開方針などを内容とする、同氏が2018年9月に訪朝して金正恩氏と署名した文書)から5周年となる記念行事に出席し、「破綻した今の南北関係を思うと残念だ」（9月19日）と発言した。前日には、自身を捜査する検察の動きを尹錫悦政権による「政治報復」だとして、抗議のための断食の途中で病院搬送された李在明氏を見舞っていた。このため、この発言は尹錫悦政権の対北朝鮮政策を批判したものと受け止められた。

さらに、「南北関係の発展と平和繁栄のための宣言」（2007年10月、当時の盧武鉉大統領と金正日《キムジョンイル》国防委員会委員長による南北首脳会談で署名された文書）から16年となった10月4日には、「対立が激化する国際秩序の中で朝鮮半島の緊張がますます高まっており、その終わりが見えず対話の努力さえないことが非常に心配だ」（10月4日）と、フェイスブックに書き込んだ。

首長の補欠選（10月11日実施のソウル市江西区長選）を前に、共に民主党の現指導部へ文在寅氏が電話したことが報じられると、国民の力は「忘れられたいと退任時の言葉で述べた文在寅前大統領の記事が連日出ている」（10月1日）という論評を出して、文在寅氏を牽制した。なお、この補欠選は国民の力が大敗している。

文在寅氏の言動に神経をとがらせたのか、尹錫悦氏の言動も注目を浴びた。文在寅氏の周辺が主張する対北宥和論（安保理の対北朝鮮制裁の緩和、終戦宣言の推進、米韓合同軍事演習の中断などを通じて平和が保障されるとの主張）を念頭に、「偽の平和論が今はびこっている」

として、「政府は北の核脅威と挑発を抑えるために韓米同盟を核を基盤とする同盟で格上げして、韓米日安保協力をより一層強化した」と、前政権との違いをあらためて鮮明にした（「在郷軍人会創設第71周年記念祝辞」、大統領室ホームページ、２０２３年10月４日）。

日本とも関連がある発言でも、それが見られた。尹錫悦氏は、在日韓国人被爆者らを大統領室の迎賓館に招いた際、「長らく悪化していた韓日関係が皆さんの人生を疲弊させたことをよく知っている。政府は同胞の皆さんの痛みを再びなおざりにしない」と述べた（「原爆被害同胞招請昼食懇談会歓迎辞」、大統領室ホームページ、２０２３年9月29日）。

広島や長崎での韓国人被爆者の苦痛、広くは日韓間の外交対立で苦汁を味わった在日韓国人の立場に対しては、特別には関心を示さなかった前政権を、間接的に批判している言葉としても読み取れた。政権発足1年半を過ぎても、前政権との差別化が必要な状況が続いていた表れでもあった。

率直過ぎる大統領の日本観

「日本に謝罪を要求する人がいるのに、北朝鮮にはなぜ謝罪を要求できないのか。わが息子の犠牲を貶めまいと、今まで大声を一度も出せないでいたが、いまや話したいことができるようになった」——2023年3月24日、北朝鮮軍からの2002年と2010年の砲撃により海上等で戦死した兵士を称えて追悼する「西海守護の日」記念式に出席した尹錫悦氏が、戦死者の遺族からこう声をかけられたという（『朝鮮日報』2023年3月25日付）。大統領室が行ったメディアへのブリーフィングで明らかにした。

「今まで大声を一度も出せないでいた」とは、文在寅前大統領への当て付けといってよい。文在寅氏は米朝関係や南北対話が動いていた2018年と2019年の同式典を欠席した。2020年には出席したものの、「北の仕業なのか、誰の仕業なのか話してほしい」と遺族から詰め寄られ、歯切れの悪い回答をした経緯がある。

そして、「日本に謝罪を要求する人がいる」という部分をあえて大統領室が引用したのは、直前にあった尹錫悦氏の日本訪問（2023年3月16～17日）の後遺症が大きかったからでもある。この訪日では、日本企業が大法院に命じられた賠償分を韓国の財団が肩代わりすることによって徴用工問題を決着させたが、これを以って対日関係改善の施策をアピールする政権側と、これを「屈辱外交」と非難する野党の対立が表面化し、さらには世論も動揺していたことも背景にある。

3月21日に開催された国務会議（閣議）での、大統領の冒頭発言は非常に注目を浴びていた。

冒頭発言はテレビカメラも入るのが慣例で、長くても10分で終わるところ、この日は異例にも23分に及んで、このうち21分が訪日に関するものだった。内容も、歴代の大統領はもちろん、韓国のこれまでの政治家のなかでも、ここまで率直に対日関係を述べたことがない率直過ぎるものであった。全体を半分に抄訳したものが、**表9**である。

表9　第12回国務会議　尹錫悦大統領　冒頭発言（抄訳）　2023年3月21日

この間、韓日関係は悪化の一路を歩んできた。両国政府間の対話が断絶し、韓日関係は破局の一歩直前で放置された。私は昨年5月の大統領就任以後、存在すら不透明になってしまった韓日関係の正常化の方策について悩んできた。あたかも、出口がない迷路の中に閉じ込められた気持ちだった。

しかし、手をこまねいて、ひたすら見ているわけにはいかなかった。日増しに激しくなる米中戦略競争、グローバルなサプライチェーンの危機、北朝鮮の核脅威の高度化など、私たちを取り巻く複合危機の中で、韓日協力の必要性はよりいっそう大きくなったからだ。

韓日両国は歴史的にも、文化的にも、最も近しく交流してきた宿命の隣国関係だ。

時には異見があっても、韓日両国はしばしば会って疎通しながら、問題を解決して協力する方策を探していかなければならない。韓日関係は、一方がより得をすれば、他方がその分を失うゼロサムの関係ではない。韓日関係は共に努力して共により多く得るウィンウィンの関係になることができ、また、必ずそうならなければならない。

しかし、前任の政権はどん底に陥った韓日関係をそのまま放置した。その余波で両国国民と在日同胞が被害を被って、両国の経済と安保は深く反目する状態に陥った。

私もやはり、目の前の政治的利益のために気楽な道を選択して、歴代最悪の韓日関係を放置する大統領になることもできた。

それでも、昨今の厳しい国際情勢を前にして、私まで敵対的民族主義と反日感情を刺激して、国内政治に活用するのは、大統領として責務を放棄することだと考えた。

私は、わが政府がもはや正しい方向に進んでいると確信する。

両国間の不幸な過去の痛みを乗り越えて、日本と新しい方向性を導き出そうとする努力は今回が初めてではない。

1965年、朴正熙大統領は韓日間共同の利益と共同の安全、そして共同の繁栄を模索する新しい時代に入ったとして、韓日国交正常化を推進した。当時、屈辱的で売国的な外交という猛烈な反対世論が沸き起こったが、朴大統領は被害意識と劣等感にとらわれて、日本ならば無条件に恐れにさいなまれることこそが、まさに屈辱的な姿勢だと指摘した。朴大統領の決断のおかげで、サムスン、現代、LG、POSCOなどの企業が、世界的な競争力を備えた企業に成長するでき、これが韓国経済の目覚ましい発展を可能にする原動力になった。

その後、浮き沈みを繰り返した韓日関係の新しい地平を開いたのは1998年の金大中統領だった。金大統領は小渕恵三総理との首脳会談を通じて「21世紀の新しい韓国・日本パートナーシップ」を宣言した。金大中大統領は日本訪問での演説で、歴史的に韓国と日本の関係が不幸だったのは、日本が（豊臣秀吉によって）韓国を侵略した7年間と植民地支配の35年間だったとしながら、50年にもならない不幸な歴史のために1,500にわたる交流と協力の歴史を無意味にさせるのは、実に愚かなことだと話した。

1965年の日韓基本条約と韓日請求権協定は、韓国政府が国民の個人請求権を一括代理して日本の支援金を受領するとなっている。1974年特別法を制定して、83,519件に対して日本から受け取った請求権資金3億ドルの9.7%に該当する92億ウォンを、2007年に再び特別法を制定して、78,000人余りに対して約6,500億ウォンをそれぞれ政府が財政で補償した。

わが政府は、1965年の国交正常化当時の合意と2018年大法院判決を同時に充足する折衷案として、第三者弁済案を推進することになった。政府は強制徴用被害者と遺族の皆さんの痛みが癒されるように最善を尽くす。

韓国社会には、排他的民族主義と反日を叫んで、政治的利益を得ようとする勢力が厳然として存在する。

日本はすでに、数十回にかけて私たちに過去の問題に対して反省と謝罪を表わしたことがある。

このうち、最も代表的ものが日本が韓国の植民地支配を特に取り上げて、痛切な反省と心からのおわびを表明をした1998年の「金大中-小渕宣言」と2010年の「菅直人談話」である。

今回の韓日会談で、日本政府は「金大中-小渕宣言」をはじめとして歴史認識に関する歴代政府の立場を、全体として継承するという立場を明確に明らかにした。

中国の周恩来総理は1972年に日本と発表した国交正常化の北京共同声明で、中日両国人民の友好のために日本に対する戦争賠償要求を放棄すると言った。当時、周恩来総理は「戦争責任は一部軍国主義勢力にあるので、これらと一般国民を区別しなければならない。だから、一般の日本国民に負担を負わせてはならず、ましてや次世代に賠償責任の苦痛を課したくない」と言った。

国民の皆さん、もう、堂々と自信を持って日本と向き合わなければならない。

韓国が先制的に障害物を除去していくならば、明らかに日本も呼応してくるだろう。

世界へ羽ばたく最高の技術と経済力を拡散して、私たちのデジタル面での力量と文化のソフトパワーを誇って、日本とも協力して善意の競争を咲かなければならない。

12年ぶりに成立した今回の訪日による首脳会談で、私と岸田文雄総理は、この間に凍りついた両国関係によって、両国国民が直接的・間接的に被害を被ったという点で共感して、韓日関係を早く回復させていくことにした。また、韓国と日本は自由、人権、法治の普遍的価値を共有し、安保、経済、グローバルアジェンダにおいて、共同の利益を追求する最も近い隣国であり、協力しなければならないパートナーであることを確認した。韓国の大統領室と日本の総理官邸間の経済安保対話は、核心技術協力とサプライチェーンなどの主なイシューで、韓日両国の共同利益を増進して協力を強化する契機になるだろう。

また、韓日経済界が共に創設することにした「韓日未来パートナーシップ基金」は、両国の未来世代の相互交流を活性化するうえで、重要な架け橋の役割をするだろう。

今回、日本は半導体関連の素材部品3つの輸出規制措置を解除して、韓国はWTO提訴を撤回することに発表した。そして、相互がホワイトリストの迅速な原状回復のために、緊密な対話を続けさせることにした。私は先制的に、韓国側の日本に対するホワイトリスト復元のために、必要な法的手続きに着手するよう、本日、産業部長官に指示するだろう。

特に、韓日両国間の経済協力強化は、両国企業がグローバル受注市場で共同進出できる機会を、大きく開くだろう。あわせて日本は経済規模世界３位の市場だ。

また、両国間文化交流が活発になって、日本国民の韓国訪問が増えれば、内需の回復と地域経済の活性化にも大いに役に立つだろう。

私と岸田総理は、日増しに高度化する北朝鮮の核・ミサイルの脅威に対応するために韓米日、韓日安保共助が大変重要で、今後も積極的に協力していこうと意見の一致を見た。2019年に韓国が行ったGSOMIA終了宣言とその猶予による制度的不確実性を今回、確実に除去することで、韓米日、韓日軍事情報協力を強化する土台を作った。

また、両国のインド太平洋戦略、すなわち韓国の「自由、平和、繁栄のインド、太平洋戦略」と日本の「自由で開かれたインド太平洋」の推進過程でも、両国が緊密に連帯し、協力していくことにした。さらに、北東アジア域内の対話と協力活性化のため、韓日中3カ国首脳会議の再稼働のために共に努力することにした。

今後も韓日両首脳は形式に束縛されることなく、必要ならばいつも会うシャトル外交を通じて、積極的に疎通して協力していくだろう。

今、私たちは歴史の新たな転換点に立っている。私は賢明な韓国国民を信じる。

出所：「韓日関係はウィンウィンの関係になることができ、必ずそうならなければならない」（大統領室ホームページ、2023年３月21日）より、約半分の分量に抄訳

「前任の政権はどん底に陥った韓日関係をそのまま放置した。その余波で両国国民と在日同胞が被害を被って、両国の経済と安保は深く反目する状態に陥ってしまった」は、前政権批判だけでなく、日韓関係に関わってきた人々の実感が含まれていた。「私まで敵対的民族主義と反日感情を刺激して、国内政治に活用するのは、大統領として責務を放棄することだと考えた」は、反日放棄宣言である。「わが政府がもはや正しい方向に進んでいると確信する」との断言と「韓国が先制的に障害物を除去していくならば、明らかに日本も呼応してくるだろう」との予断は、自信によるものなのだろう。そして、「韓国社会には、排他的民族主義と反日を叫んで、政治的利益を得ようとする勢力が厳然として存在する」、「日本はすでに、数十回にかけて私たちに過去の問題に対して反省と謝罪を表わしたことがある」は、韓国のトップが公の席で述べる内容としては驚きでもある。

大統領の率直すぎる日本観に対して、野党からは反発が強く出た。たとえば、共に民主党の朴英淳《パクヨンスン》議員は、その日のうちに「尹大統領は日本の要求通りにすべて手を上げて、手ぶらで帰ってきたのに、恥ずかしいことに自画自賛だけをしている」と批判した。「反日を叫ぶ政治的利得の勢力」の発言には、「国民の60%が怒る民心（世論調査結果）と野党の指摘が排他的民族主義という言葉なのか」とし、日本が数十回も謝罪したという発言には「日本政府は依然として強制動員を否定しており、韓国領土である独島に対する侵奪の試みも続けている」といちいち反論した。国会の場でも、同党は同様の主張で政府を追及した。

これに対して、韓悳洙国務総理は「韓日関係は最悪だった。尹大統領が韓日関係正常化という歴史的な新しい章を開いた」などと応じた（4月3日）。一方、国民の力の尹相炫《ユンサンヒョン》議員から「日本政府がさっさと韓国側へ大胆に呼応できなかった理由は文在寅政権の学習効果ではないか」と向けられると、韓悳洙氏は「（韓国側が）大乗的決定を通じて韓日関係を正常化した」と答弁している。

李在明氏の「福島」扇動が中韓間の外交問題に

東京電力福島第一原発事故を受けた「海洋放出」をめぐっても、尹錫悦政権と野党の対立は極限化した。とくに、共に民主党は尹錫悦政権を攻撃する材料として活用した。

もちろん、対日関係改善を快く見ている人のなかにも、日本政府の「海洋放出」の計画に理解を示そうとする韓国政府の対応などに不安を感じている人が少なくなかった。環境団体が2023年5月19〜22日に実施した世論調査（n＝1000）によれば、海洋放出に関する日本政府の主張を79％が「信頼しない」、韓国政府の対応を64・7％が「誤っている」と回答した(報道資料「福島汚染水海洋放流対国民認識調査質問結果発表」、環境運動連合ホームページ、2023年5月25日)。

2023年5月7日にソウルで開催された日韓首脳会談で、岸田氏と尹錫悦氏は韓国政府の専門家視察団の福島と東京への派遣で合意した。5月21～26日の日程で同視察団は訪日し、福島第一原発の放出関連設備を視察し、外務省、経済産業省、東京電力などとも協議した。

事実上、尹錫悦政権が「海洋放出」受け入れの方向へ舵をとったということだ。

これを期して、李在明氏は次のような発言を連発した。

福島への専門家視察団に関して「今のように日本の顔色ばかり伺いながら検証する振りにとどまり、われわれもまた汚染水テロ、放射能テロの共犯という指摘を受けないかが心配だ」と発言した(5月19日)。視察団の帰国に合わせて「最初から視察団に検証の意思はなく、ただの脇役との考えしかない」と述べ、放出に反対する党としてのソウル都心での署名活動発足式にも出席した(いずれも同26日)。「大韓民国大統領なのだから大韓民国国民の命令に従いなさい。国民の権力を委任された代理人なのだから日本の放流に強く抗議しなさい」と、釜山で開いた党主催の場外集会で尹錫悦氏へ要求した(6月3日)。

さらに、「海洋放出」に反対する中国と「共闘」する姿勢を見せた。6月8日、駐韓中国大使である邢海明氏を大使公邸に李在明氏は訪ねた。夕食会の席で、「最近、日本の汚染水海洋投棄問題で周辺国の懸念が高まっている」「この問題に対して共に声を上げ、共同の対応策を講じることができればと思う」と発言し、邢海明氏は「日本が経済などの利益のために太平洋を自宅の下水道のようにしている。これは極めて無責任な行為」と応じた。

一連の発言を、与党側は野党による「怪談扇動だ」と非難した。「怪談」とは韓国では「デマ」というニュアンスである。「共に民主党は自国の専門家が参加した国際原子力機構（IAEA）の安全性検証と、大韓民国視察団の現場点検結果が出る前に『無条件反対』の立場を定め、怪談を流布して、国民の不安を掻き立てることに総力を挙げている」（金玟秀《キムミンス》スポークスマン、2023年5月27日）といった国民の力としての公式論評も発表した。

極めつけは、李在明氏と中国大使との「共闘」への保守メディアの反発だ。『朝鮮日報』は2023年6月9日付の社説で次のように非難した。

野党が原子力発電所放流水反対のために、中国側と手を握ろうとするのは一言でナンセンスだ。中国にある55基の原子力発電所は、大部分が中国の東側沿岸に集中し、西海（黄海）に臨んでいる。ここで排出されるトリチウムの濃度は福島の排出量の50倍に達する。

福島での放流水が太平洋をひと回りし、4～5年後に韓国の海域に到着する頃になれば、トリチウムの濃度は既存海水の17万分の1まで希釈されるとの研究結果もある。中国からの放流量は水深が浅い西海へ直ちに怒涛のように流れ込む。原子力発電所の放流水が問題ならば、日本よりも中国側へ先に徹底した浄化処理を促さなければならない。

中国側の姿勢に対しては、ほとんどの新聞が問題視した。たとえば、『文化日報』(6月9日付、社説)は、国会で比較第一党の代表を呼んで訓示を垂れるような大使の姿勢を「旧韓末期の袁世凱を思い出させる」と評して、「『習近平主席の指導の下、中国の夢を実現しようとする確固たる意志を理解しなければ、すべてのことが卓上空論』と言った。韓国も習近平思想を勉強して受け入れろとの趣旨だ。さらに『米国側に立てば必ず後悔する』と脅迫までした。邢大使の発言は詭弁に近い」と、屈辱感を吐露した。

韓国政府としては、6月9日、外交部の張虎鎮《チャンホジン》・第一次官が邢海明氏を呼び、同氏発言を内政干渉だと抗議した。翌日、一方の中国外交部も農融次官補が鄭在浩《チョンジエホ》駐中大使を呼び、同抗議に「深刻な懸念と不満」を伝え(「外交部部長助理農融約見韓駐華大使」、中国外交部ホームページ、6月11日)、中韓間の外交問題へも発展した。

結局、7月7日、韓国政府は福島第一原発に関する独自の検証結果を公表した。「海洋放出」を容認したことになる。8月22日、岸田氏は「海洋放出」の同24日開始を発表した。筆者は、この直後、ソウルで開かれたシンポジウムで、安倍政権でも岸田政権でも閣僚経験がある政治家が「中国が反対するなかで、これを容認してくれた尹錫悦政権には感謝しかない」と発言するのを、耳にしている。「海洋放出」でも、尹錫悦氏の率直過ぎる日本への「眺め」にはブレがなかったことになる。

「価値外交」と日米韓間の安保協力

尹錫悦政権の発足で、最も大きく変わったのは外交政策である。自らの外交政策を「価値外交」とも呼称している。とくに日米韓の安保協力を積極化させた。

文化日報が専門機関に依頼した世論調査（2022年10月29〜30日調査、n＝1005）によれば、「韓米日安保協力」について「賛成」59・8%、「反対」35・7%であり、18〜29歳の男性に至っては「賛成」が80・2%に及んだ（エムブレイン・パブリック「文化日報創刊特集世論調査」、2022年10月31日）。さらには、統一研究院の世論調査（2023年4月15日〜5月10日調査、n＝1001）では、「北朝鮮の脅威に対応するため、日本との軍事同盟に同意するか」には、「同意する」が52・4%と過半数を占めた（聯合ニュース、2023年6月5日）。

日米韓安保協力のきわめつけは、米キャンプデービッドでの日米韓首脳会談、日米・日韓・米韓の各首脳会談であった。福島の「海洋放出」を前にした2023年8月18日に開催された。会談後、3カ国共通のビジョンが確認された「キャンプデービッド原則（Camp David Principles)」、具体的な協力の方策が詳述された「日米韓首脳共同声明（The Spirit of Camp David：Joint Statement of Japan, the Republic of Korea, and the United States)」、脅威に直面した場合の対応策や既存の条約との関係性が明示された「日本、米国及び韓国間の協議するとのコミットメント（Commitment to Consult Among Japan, the Republic of Korea, and the United States)」――この3つの文書が発表された（「日米韓首脳会合及びワーキング・ランチ」、外務省ホームページ、2023年8月18日）。

キャンプデービッドの精神と呼ばれる「日米韓首脳共同声明」には、「中国による不法な海洋権益に関する主張を後押しする危険かつ攻撃的な行動に関して各国が公に表明した立場を想起し、インド太平洋地域の水域におけるいかなる一方的な現状変更の試みにも強く反対する」と、中国を名指し批判する文言も入った。しかも、「複数の大陸間弾道ミサイル（ICBM）発射を含む、北朝鮮によるかつてない数の弾道ミサイル発射、並びに相次ぐ通常の軍事的活動を強く非難する」よりも先に書かれたことが特徴的だった。

キャンプデービッドでの会談後、その結果に中国は外交部副報道局長が「強烈な不満と断固とした反対」(「外交部発言人汪文斌主持例行記者会」、外交部ホームページ、2023年8月21日)を表明した。北朝鮮からは、金正恩氏の戦略巡航ミサイル発射訓練視察(朝鮮中央通信、8月21日)、「米、日、傀儡の頭目がワシントン周辺のキャンプデービッド別荘に集まり、朝鮮半島での核戦争挑発を具体化、計画化、公式化した……」と同会談の評価を含む同通信の論評(2023年8月22日)が伝えられた。

「力による平和」をめぐる韓国社会の「分断」

キャンプデービッド後も、尹錫悦氏の立場は旗幟鮮明でブレなかった。たとえば、次のような発言が象徴的だ(「第21期民主平和統一全体会議開会辞」、大統領室ホームページ、2023年11月28日)。

相手方の善意に寄りかかった平和は、夢と虚像に過ぎないということを、人類の歴史が証明している。委員の皆さん、真の平和は圧倒的で強力な力と、自分自身を守るためにいつでもその力を使うという断固たる意志によって構築される。

つまり、「力による平和」ということである。この発言の2日前には、米海軍航空母艦カール・ビンソン、海上自衛隊の護衛艦きりさめ、韓国海軍のイージス駆逐艦世宗大王などが参加した日米韓3カ国の合同訓練が実施されていた。

尹錫悦政権による「力による平和」に関して、韓国社会ではその「分断」ぶりを象徴するかのように国論が割れた。特に、2023年11月22日、尹錫悦政権が文在寅政権下の2018年9月19日に締結された「南北軍事合意」の効力を一部停止することを決めたことをめぐる反応だ。文在寅氏と金正恩氏による同合意には、敵対行為の全面的な中止、軍事的な信頼構築に向けた措置などが盛り込まれている。

「軍事境界線上における飛行禁止区域の設定」がうたわれているが、監視・偵察活動が北朝鮮よりも圧倒的に優位にあった韓国側にとって、一方的に不利だといわれ続けた。米韓同盟を重視する保守陣営は「結ぶべきではなかった」と、署名当初より同合意を強く批判してきた。

北朝鮮が過去に例を見ない頻度で弾道ミサイルを発射している情勢下では、韓国としては軍事境界線一帯の対北偵察・監視活動を再開させる必要があるという論理である。効力を一部停止する前日には、北朝鮮が軍事偵察衛星「万里鏡1号」を搭載した新型運搬ロケット「千里馬1型」を打ち上げていた。

共に民主党は「力による平和」を批判した。韓国の対応を受けた北朝鮮が素早く反応し、同合意の「一部停止」どころか「破棄」を表明したので、李在明代表はまずは「北朝鮮が事実上、9・19軍事合意の破棄宣言をしたことを強力に糾弾する」としつつも、「北朝鮮を思い知らせるとして、平和の安全ピンを抜く、それこそ矯角殺牛（わずかな欠点を直そうとして、かえって全体をだめにしてしまうたとえ）の愚を犯してはならない。戦争の脅威を高める強対強一辺倒の無責任な政策を再考しなければならない」と、政府批判に力点を置く見解を述べた（2023年11月24日）。「安全弁」が外れたという論理である。さらには、北朝鮮の衛星打ち上げにはロシアの後ろ盾があったことを挙げて、「ロシアが従前の態度を変えて、北朝鮮へ軍事技術を提供するようになったのは、韓国政府の対ロシアの敵対政策、敵対発言による可能性が非常に高い」と、尹錫悦政権に責任を転嫁するような論理も見せた。

一方、こうした野党の姿勢に対しては、保守系紙や経済紙は反発した。「ついに北が9・19南北軍事合意を全面破棄……野党はこの機に及んでも尹政権を恨むのか」（『文化日報』202

3年11月23日付、社説）、「このような急迫した状況でも、共に民主党は北朝鮮より韓国政府を批判するのに忙しいので、どこの国の政党なのか」（『韓国経済新聞』２０２３年11月24日付、社説）といった論調だ。

対北朝鮮政策や「力による平和」をめぐる韓国社会の「分断」が、北朝鮮の軍事偵察衛星打ち上げも相まって、いっそう浮き彫りになったのも尹錫悦政権下の特徴である。

「南北統一」放棄という金正恩氏の政策転換

韓国と北朝鮮は、両者とも「双方の関係が、国と国との関係ではない統一を志向する過程で暫定的に形成される特殊関係」と認め合ってきた。これは、「南北間の和解と不可侵および交流・協力に関する合意書」（１９９１年12月13日署名、１９９２年2月19日発効）の前文に書かれていることだ。

ところが、２０２３〜２０２４年の年末年始にかけて、北朝鮮は韓国に対する大きな政策転換を内外に明らかにした。金正恩氏は南北関係を「同族関係、同質関係ではない敵対的な2つの国家関係」として、韓国を「第一の敵対国、不変の主敵」と、位置付けたのだ。朝鮮労働党中央委員会第8期第9回全体会議拡大会議（２０２３年12月26〜30日）と最高人民会議第14期

第10回会議（1月15日）での場であった。

「首都平壌の南の関門に見苦しく立っている『祖国統一3大憲章記念塔』を撤去するなど、後続の対策も実行することによって、わが共和国の民族史で『統一』『和解』『同族』という概念自体を完全に除去しなければならない」とまで金正恩氏は1月15日に述べた。2月7日の最高人民会議常任委員会第14期第30回全員会議では、関係する法律、規程、合意などを無効にしてしまった（朝鮮中央通信、2月8日）。

2月8日の朝鮮人民軍創建76周年の演説でも、金正恩氏は「政策転換」という用語も交えて、「重大な決断だった」と次のように強調した（『労働新聞』2024年2月9日付）。韓国を、これまでの南朝鮮やカギカッコ付きの「大韓民国」ではなく、韓国傀儡という表現を使って注目された。

先日、わが党と政府は、わが民族の分断史と対決史を総括し、韓国傀儡一味をわれわれの前途において最も危険な第一の敵国、不変の主敵と規定し、有事の際、傀儡一味の領土を占領、平定することを国是として決定したのは、わが国家の永遠なる安全と将来の平和と安定のための最も正当な措置だ。これで、われわれは同族という修辞学的表現にこだわってやむを得ず、共和国政権の崩壊を企み、吸収統一を夢見る韓国傀儡との形式上の対話や協力などに力を入れざるを得なかった非現実的な桎梏を主動的に取り除き、明々白々な敵国と規定したことに基づいて、少しでも蠢動するならいつでも攻撃し、壊滅させうる合法性を持って一層強力な軍事力を備え、超強硬対応態勢を維持すると共に、自主的な独立国家、社会主義国家としての尊厳を守り、周辺環境をわれわれの国益に即してさらに強く統制できるようになった。このような政策転換と断固たる敵に対する立場は、主権守護の意志においても軍事・技術力においても万端の準備を整えたわが軍があったからこそ、下すことのできる重大な決断だった。

「重大な決断」は、祖父の金日成氏、父の金正日氏の時代からの大幅な「政策転換」である。これに対して、尹錫悦大統領は、1月31日、次のように発言した（「第57回中央統合防衛会議冒頭発言」、大統領室ホームページ、2024年1月31日）。

年初から北朝鮮政権はミサイル発射、西海上砲撃など挑発を繰り返している。民族概念を否定したのに続き、大韓民国を交戦相手国であり、主敵だと釘をさした。このような行為自体が、反民族・反統一であり、歴史に逆行する挑発であり、脅威だ。北朝鮮政権は全世界で唯一、核の先制使用を法制化した非理性的な集団である。常識的な政権ならば、核を放棄して住民たちが生きる道を探すだろうが、北朝鮮政権はひたすら世襲全体主義政権の維持のためには、なりふり構わなくなっている。最近ではロシアと武器取り引きをして、国際法と国連安保理決議を遠慮なく、露骨に無視している。これもまた、グローバルな安保だけでなく、朝鮮半島の安保に非常に脅威となる挑発行為だ。

北朝鮮は、なぜこのような政策転換を行ったのか。金暎浩統一部長官は『読売新聞』（2024年2月9日付）とのインタビューで、「経済難が非常に深刻化し、北朝鮮の内部で民心の離反現象が起きている。体制の結束のため、韓国への敵意をあおっている」、「韓国への憧れを遮断する目的もあるようだ」と、北朝鮮内部での人々の不満や不信が背景にあるという見方を示した。そして、祖国統一3大憲章記念塔の撤去は、金日成・金正日時代の業績を消去する意味を持つとして、「権力世襲の基盤そのものを壊す結果につながりかねない。北朝鮮のエリート層でも混乱や亀裂が生じる可能性があり、注視している」と述べた。

また、南山大学教授の平岩俊司氏は、「北朝鮮にとって、南（韓国）とはいったいどういう存在なのでしょうか」という朝日新聞編集委員の箱田哲也氏からの問いに、「対米関係で『使える政権』か。『共存できる相手』か。この二つの視点で見ているのだと思います。前者で言うと、右派か左派かはさほど意味がなく、その時々の国際情勢下で使えるかどうか。後者では、左派政権は一応、共存できる相手なのでしょう」と述べている。さらに、「米朝関係に『使える』政権が韓国で登場すれば、元の姿勢に戻る可能性はあると思います。ただ、『統一を志向する相手』に戻るのは難しいのではないでしょうか。統一は1980年以降、先延ばししてきたわけで変化はありませんから」と分析している（『朝日新聞』2024年4月18日）。つまり、「政策転換」というよりも、金正恩氏は尹錫悦政権を「使えない政権」で、かつ「共存できない相手」として判断したということだ。

他方、ジャーナリストの城内康伸氏によれば、北朝鮮は2020年12月、韓国ドラマやK-POPなどの韓流の視聴や流布を禁じて、罰則を強化する「反動思想文化排撃法」を制定し、2023年には同法に抵触した10代の青年が公開処刑されたケースがあるという（『東京新聞』2023年10月12日付）。韓国文化の流入が体制を乱すとする警戒心も、金正恩氏の政策転換の背景にあるとの推測も可能なのだろう。

2024年5月末からは、北朝鮮はごみや汚物などを付けた風船を韓国へ向けて大量に飛ばすという問題を起こしている。これは、韓国の脱北者団体による北朝鮮へ向けて飛ばす体制批判のビラ散布への金正恩氏による報復である。

文在寅政権下の2020年12月、「南北関係発展に関する法律」でビラ散布を禁じる条項が入り、ビラ散布が中断していたが、2023年9月に憲法裁判所が表現の自由の観点から同条項を違憲とする判断を下した。これを受けて、南から北への風向きが変わる翌年5月以降、脱北者団体が金正恩総書記を批判するビラとK-POPの動画などを保存したUSBメモリーを風船で大量に飛ばしはじめた。

その仕返しであることを、金正恩氏の妹である金与正《キムヨジョン》・朝鮮労働党副部長が認めた（朝鮮中央通信、2024年5月29日）。韓国文化の流入が体制を乱すとする警戒心の表れでもある。

3．落日に向かう尹錫悦政権

総選挙で大敗した与党

2024年4月10日投開票の総選挙で、与党・国民の力は大敗した。次頁の**表10**のように、

表10　韓国第22代国会議員選挙（総選挙）の結果

（単位：議席）

		共に民主党	国民の力	祖国革新党	諸派・無所属
小選挙区	254	161	90	―	3
比例代表	46	（共に民主連合）*14	（国民の未来）*18	12	2
総計	300	175	108	12	5
（改選前 297 ＋欠員 3）		（改選前 156）	（改選前 114）	（改選前 1）	（改選前 26）
2020年総選挙の結果		180	103**	―	17

注：*比例代表では、大政党には不利な制度のため、共に民主党は「共に民主連合」、国民の力は「国民の未来」という系列の「衛星政党」を作って、別個の政党として選挙戦に臨んだ。
**国民の力の前身である「未来統合党」とその衛星政党の獲得議席数。
出所：聯合ニュース、2024年4月11日より作成

３００議席のうち、国民の力は１０８議席（比例代表のための系列政党である国民の未来を含む）しか獲得できなかった。大勝した共に民主党は１７５議席（同じく系列政党である共に民主連合を含む）を得て、改選前よりも上乗せした。さらに、文在寅政権下で法務部長官であった曺国氏が率いる祖国革新党が獲得した12議席を合わせると、尹錫悦政権へ明らかに対決姿勢を示している政党の議席が１８７となったのである。尹錫悦氏としては、これまでの厳しい政

権運営がこのまま続くことを意味した。

ただし、国民の力が全議席の3分の1以上を死守したので、拒否された法案が国会で再議されても、再可決には出席議員3分の2以上の賛成が必要であり、大統領の拒否権は効力を発揮する。大統領への弾劾訴追案や憲法改正にも在籍議員3分の2以上の賛成が必要であり、国民の力にとって3分の1以上の議席を死守したのが唯一の救いであった。

選挙戦は与野党の接戦で展開されてきた。韓国ギャラップによる世論調査（n＝1000）では、3月4週目（3月26～28日、n＝1001）の時点では、政党支持率が国民の力37％、共に民主党29％、祖国革新党12％であり、2つの野党を足せば41％ではあるものの、共に民主党が大勝するほどの状況ではなかった（韓国ギャラップ「デイリーオピニオン」第580号、3月28日）。

なぜ、与党が大敗する結果となったのであろうか。

第一に、大統領の政治スタイルである。尹錫悦氏は大統領就任までは政治経験がないだけに、前述したようにざっくばらんな側面がある一方で、国民目線からのコミュニケーションが不足しているとの指摘がかねてからなされている。

過激労組への「業務開始命令」（2022年11月発動）、医学部の定員（2025年入学～）

を現行の３０５８人から５０５８人に増やす方針（２０２４年２月発表）の貫徹などでの決断力、法治主義、原則論が保守層を中心に好意的に受け止められても、丁寧な合意形成や感動を与えるような演出がない。また、これも前述したように要職には検察出身者を大挙して起用し、国が「検察共和国」になったという印象も与えた。

このため、50％を超えていた大統領支持率は政権発足2カ月目には30％台となり、低空飛行が続いた。一時は、医学部増員の方針に対して猛反発した医師の行動を、既得権益の維持のためだと多くの国民には映ったことから大統領支持率が40％に肉薄した。ところが、医師のストライキによる医療機関のマヒが長引き、受診できない患者が増えるばかりとなった。逆に大統領と政権の無策ぶりに対する不信感が噴出し、医学部増員が一転して悪材になってしまったのだ。

第二に、国民の意識を誤認するような姿勢を大統領と政権が見せたことである。特に、国民が疑惑を持ってもおかしくない出来事に対して、大統領室が特別な手を打たなかったことが大きい。たとえば、大統領夫人の金建希《キムゴニ》氏をめぐるスキャンダル（公務外遊時の私的な知人の同行、人事や契約への介入、株価操作事件への関与、高級バッグの受領など）があっても、放置状態であった。

なかでも、高級バックの受領スキャンダルは、一部始終が隠し撮りされた動画が２０２３年11月下旬以降に拡散されていたことによって、言い逃れができない問題だった。バッグを渡したのは、夫人の父親と懇意だった在米韓国人の牧師で、この人物が自身の時計に仕掛けたカメラで撮影し、4月の総選挙を目前にして公開したことから、尹錫悦氏が「政治工作だ」と主張する一幕もあった。「私の妻の賢明ではない行動で、国民へ心配をかけ謝罪する」と大統領が述べたのは、選挙後の5月9日であった。

２０２３年7月に発生した水害の捜索・救出活動にあたった海兵隊員が殉職した事故をめぐる疑惑もあった。当時、国防部長官だった李鐘燮《イジョンソプ》氏が捜査対象になっているにも関わらず、任命されていた駐オーストラリア大使として、投票日間近の２０２４年3月10日に出国させたのだ。同氏が軍の不適切な対応を隠すため、調査に圧力をかけたとされ、それも大統領の激怒と指示が発端だったという疑惑だ。結局、同21日に帰国して、29日に大使職を辞任したが、コントロールすべき大統領室の対応は遅きに失して、国民の疑惑を招くばかりであった。与党執行部との連携もなかった。

大統領室の幹部自身が不適切な発言をする出来事もあった。同室の市民社会首席秘書官（ＫＢＳキャスター出身の黄相武《ファンサム》氏）が3月14日に、放送局記者らとの昼食時に報道陣の身を脅すかのような発言をして問題化し、同20日には辞任に追い込まれた。

これは首都圏の中道層を離反させたと言われ、**表11**のように首都圏での野党大勝を許した。与党を勝利させたところで、安定的な政権運営にプラスの影響を与えることはできないと判断し、「政権審判論」を主張する野党へ傾いた有権者がいても不思議ではない。

第三に、こうした政権運営からは与党への攻撃材料に事欠かず、野党側のネガティブキャンペーンが奏功したのである。共に民主党候補者に失言、誇張、不祥事があっても、副作用は限定的だった。文在寅政権下の法務部長官であった曺国氏が3月に急造した祖国革新党（曺国と祖国は韓国語で同音の「チョグク」）は、曺国氏自身が多くの疑惑から実刑判決を受けている身だが、「検察共和国」批判でも支持を集めて「台風の目」となった。

選挙戦では、対日政策が争点になったわけではないが、野党の一部では「反日」を利用する戦術もあった。李在明氏は「今回の総選挙は国政失敗、国民生活破綻、経済破綻、平和危機、民主主義破壊につい

表11　首都圏（小選挙区）での結果　（単位：議席）

首都圏（総計）		共に民主党	国民の力	諸派
	122	102	19	1
※うちソウル	48	37	11	0
仁川	14	12	2	0
京畿道	60	53	6	（改革新党）1

出所：表10に同じ

て審判するものでもり、完璧な新韓日戦だ」などと、選挙戦の遊説で発言していた（『京郷新聞』電子版2024年3月22日付）。

「新韓日戦」とは何を意味するのか。特に、東京電力福島第一原発からの「海洋放水」問題、竹島の領有権問題などで、政権と与党の対応が「日本寄りだ」という攻撃である。「李代表は『反日感情』を燃料にして政権審判論に火をつけた」（『韓国日報』2024年3月23日付）と揶揄されもした。

韓国社会で急浮上した「LINEヤフー問題」

2024年5月26日、岸田氏と尹錫悦氏による日韓首脳会談がソウル・龍山の大統領室で開催された。2国間関係の悪化やコロナ禍によって開かれずにきた日中韓首脳会談が、約4年半ぶりに開かれる前日だった。

「日韓国交正常化60周年を迎える明年（2025年）に向け、日韓関係を更に飛躍させるため、それぞれが政府内に指示を出して準備を進めていくことで一致」して、「日韓青少年交流事業（JENESYS）の今年度の規模を約900名まで更に拡大する意向」が岸田氏から示された（「日韓首脳会談」、外務省ホームページ、2024年5月26日）。対北朝鮮をめぐる日韓、日米韓の連携強化、外交、防衛、安全保障、経済安全保障、産業脱炭素、重要鉱物分野での緊密な2国間の対話を継続していくことも確認された。

大統領室の幹部は、両者の間で次のようなやり取りがあったことを、記者団へ明らかにしている。

尹錫悦氏「日本の総務省の行政指導が、ネイバーに持分を売却せよと要求したわけではないと理解している。この懸案は、両国の外交関係とは別個の問題と思っているが、よく管理する必要がある」

岸田氏「(LINEヤフーに対する行政指導はセキュリティガバナンスの見直しの要求であることを強調し)日韓政府間は初期段階からこの問題でうまくコミュニケーションして協力しており、今後も引き続き緊密に意思疎通していく」

いわゆる「LINEヤフー問題」である。この問題は、通信アプリ「LINE」の利用者情報が流出したことをめぐり、総務省が4月16日、LINEヤフーへの二度目となる行政指導を行い、情報流出の原因となった保守・運用を委託する韓国IT大手ネイバーとの資本関係見直しなどを検討するよう要求したことに端を発する。

日本のソフトバンクとネイバーの両社が、中間持ち株会社を通じて折半出資している会社が

LINEヤフーだ。総務省の行政指導が「資本関係の見直し」にまで踏み込んだことは、韓国社会を大きく刺激した。つまり、日本政府がLINEヤフーからネイバーを追い出して、完全に自国の会社とすることを狙ったと受け取められたのだ。LINEの技術を奪い、広くは韓国の「IT主権」を強奪しようとしているという解釈が4月末から5月にかけて広く浸透したのだ。

この問題も、韓国社会の「分断」によって事が大きくなった。野党は、同問題で「反日」ムードを醸成し、日本との協力を重視する尹錫悦政権への攻撃材料としても利用した。5月10日、共に民主党の李在明氏はSNS上で、松本剛明総務大臣が伊藤博文の子孫であるという報道を持ち出して、「伊藤博文：朝鮮領土侵奪／伊藤博文子孫：大韓民国サイバー領土LINE侵奪」と書き込んだ。同13日、祖国革新党の曺国代表は竹島へ上陸し、「日本政府が尹錫悦政権の支援に自信を持ったのか、ネイバーからLINEヤフーの経営権を奪おうとしている」「尹大統領がどの国の利益を代弁しているのかと抗議するために来た」と叫んだ。

こうしたムードであることから、日韓首脳会談での「両国の外交関係とは別個の問題」という尹錫悦氏の発言は、正直すぎた。このため、「LINEヤフーの個人情報管理問題から始まった事案について、日本政府が資本関係の整理を要求したのは行き過ぎだ。したがって、尹大統領は日本の立場を一人で勝手に『理解』する前に、『LINEヤフーに持ち分の整理を要求するわけではないと明確にすること』を日本政府に『要求』しなければならなかった」（『ハンギョレ新聞』2024年5月28日付、社説）という批判が出た。

ネイバーは韓国人にとって最もポピュラーな検索サイトであり、特に若者には身近な存在である。それだけに、LINEヤフー問題の決着の仕方によっては、今後、良好といわれる韓国人の対日感情へも少なくない影響を及ぼしうることも憂慮された。

ただし、日本政府も尹錫悦政権の苦しい立場を理解したのか、踏み込んだ対応は控えていった。LINEヤフーが7月1日、ネイバーからのシステム分離時期の前倒しなどの対策を盛り込んだ報告書を総務省に提出したのを受けて、同5日、松本総務大臣は情報流出の再発防止策について「具体的な取り組み内容が示され、評価できる」との考えを示した。さらに、「資本的な関係見直し自体が目的ではない」と述べた（時事通信、2024年7月5日）。

このためか、日韓関係全体への影響は憂慮されたほどには発展しなかった。

真相究明なきレーダー照射問題の決着

日韓の防衛当局間では、2018年12月に発生した韓国軍艦艇よる海上自衛隊機へのレーダー照射問題がずっと尾を引き、協議を続けてきた。２０２４年６月１日、木原稔防衛大臣と申源《シンウォン》湜《シク》国防部長官がシンガポールで会談し、その再発防止策に関して合意した。あわせて、両国防衛当局間の協議や自衛隊と韓国軍の交流の正常化も決めた（「日韓防衛相共同プレスステートメント」、防衛省ホームページ、２０２４年６月１日）。

ただし、事実究明をしないままの同問題の決着であった。それだけに、合意直後に開かれた自民党の国防部会と安全保障調査会の合同会議では、「また韓国がうそをつく始まりになる。いろんなものをひっくり返される隙を与えた」と発言する議員もいたという（時事通信、２０２４年６月５日）。当時、海上自衛隊機の低空飛行が問題だったとする立場の韓国側からは、「哨戒機をめぐる葛藤の基本的な事実関係すら認めない日本との安保協力強化が、実質的な水準に進展できるか疑問が残る」という声が出た（聯合ニュース、２０２４年６月２日）。

また、「日本側は今回、自衛艦旗の掲揚に問題がないことを確認するように求めたが、韓国側は合意の見送りも辞さないとして態度を硬化させ、最終的に日本側が合意には盛り込まないことで譲歩した」とする旭日旗の扱いをめぐる『読売新聞』（２０２４年６月２日付）の報道も、韓国では注目された。

たとえば、民放ラジオのニュースでは「日本がこのように『侵略戦争』の象徴である旭日旗の公式使用を堂々と韓国に要求したのは、過去の問題に対する反省と省察なしに度を越えたものだという指摘が出ている。強制動員被害者（元徴用工）賠償やLINEヤフー問題など最近、様々な懸案で尹錫悦政権が見せた相次ぐ低姿勢が影響を及ぼしたということだ」（CBSラジオ「朝のニュース」、2024年6月3日）と、同報道に関して解説していた。

その後、ハイレベルの日韓間の防衛交流は進んだ。総選挙で与党が敗北しても、尹錫悦政権は日本との安全保障協力の面では動じないことの証明のようだった。

防衛省の安藤敦史防衛政策局次長と、国防部の李承範《イスンボム》国際政策官らによる防衛実務者対話（7月10日、東京）、前日には吉田圭秀統合幕僚長と金明秀《キムミョンス》韓国軍合同参謀本部議長による2015年8月以来の二者会談（7月18日、東京。翌日に日米韓参謀総長等会議）、そして、7月28日には中源湜氏が韓国国防部長官として2009年以来15年ぶりに来日し、木原氏との間で日韓防衛相会談を行った（オースティン米国防長官も加わった日米韓防衛相会談も同時開催）。

日本側は、7月12日に閣議了承された2024年版の『防衛白書』で、韓国について「パートナーとして協力していくべき重要な隣国」と初めて明記した。6月に合意されたばかりのレーダー照射をめぐる再発防止策、2国間のハイレベルの防衛交流再開についても触れられており、これによって「防衛省・自衛隊としては、長年の懸案であった火器管制レーダー照射事案の再発防止および部隊の安全確保が図られたと判断している」と書かれている。同白書は当該年の3月までに起きた出来事を記載するのが通常であり、防衛省は「大きな進展が見られたので、重要性に鑑みて記述を設けた」と説明している（『毎日新聞』2024年7月13日付）。

ただし、木原氏は8月15日、現職の防衛相として2021年8月13日の岸信夫氏以来3年ぶりに靖国神社を参拝した。外交部は在韓日本大使館の實生泰介総括公使を呼び、抗議した（時事通信、8月15日）。防衛相が8月15日に参拝したのは初めてであっただけに、「反省しない日本、光復節の日に靖国参拝」（『ソウル新聞』電子版2024年8月15日付）と韓国メディアは報じた。ここでも「尹錫悦政権が見せた相次ぐ低姿勢が影響を及ぼした」といった日本への「眺め」が、韓国社会で垣間見えた。

「佐渡島の金山」の世界文化遺産登録実現と余波

防衛交流と同じく、日韓間の関係改善を印象付けたのは、新潟県の「佐渡島の金山」の世界文化遺産への登録が決まったことだ。戦時中に朝鮮人が労働を強いられた現場だったことの扱いをめぐって、登録にあたり韓国政府から異議申し立てが出ていたからだ。

2024年7月27日、インドのニューデリーで開催されていた国連教育科学文化機関（ユネスコ）の世界遺産委員会でこの登録が決まったが、それまでは、韓国側の異議を背景に、申請内容の補足を求める「情報照会」の勧告がユネスコ諮問機関から6月6日に出されていた。日本政府が朝鮮人労働者を含む「全体の歴史」を現地の展示に反映するなどの対応を取ったことで、登録に至った。『毎日新聞』（7月30日付）によれば、岸田・尹錫悦両首脳間の信頼関係構築が後押しして、両国の外務当局間で政治色を抑制した「実務的な対話」を水面下で進めてきたことが奏功したという。

韓国の外交部は、7月27日、「韓国政府は、『全体の歴史』を佐渡島鉱山の『現場に』反映せよという国際記念物遺跡協議会（ICOMOS）の勧告を受けて、世界遺産委員会の決定を日本が誠実に履行することと、そのための先制的措置を取ることを前提に登録決定に同意した」と発表した。朝鮮人労働者の展示が反映されただけでなく、追悼式を行うこと、推薦時期である江戸期より後の資産が大部分を占める北沢地区が資産範囲から除外されたことも「重要な意味を持つ」と説明し、「政府が過去数ヶ月間日本政府と行った真剣な交渉の結果である」と力説した（「佐渡島鉱山世界文化遺産登録決定」、外交部ホームページ、２０２４年7月27日）。

韓国メディアの反応は割れた。「佐渡島鉱山に『徴用の歴史』反映、未来志向的な韓日関係のきっかけにすべきだ」（『毎日経済新聞』２０２４年7月28日付、社説）という肯定的な論調がある一方で、「強制動員の明示もなしに、佐渡島鉱山世界遺産を承認した政府」(『ハンギョレ新聞』２０２４年7月28日付、社説)と、尹錫悦政権を非難するものまで出た。『ハンギョレ新聞』は韓国政府の対応を連日のように非難するキャンペーンをはった。

特に、「日韓両政府は朝鮮半島出身者を含む労働者に関し、現地の展示施設で『強制労働』に関する文言を使用しない一方、当時の暮らしぶりなどを説明することで事前に折り合った」との『読売新聞』(２０２４年7月28日付)の報道などを根拠にしたものだ。『ハンギョレ新聞』２０２４年8月8日付、社説)は、「強制労働」との表現を使わないことに関して、「佐渡島鉱山『外交惨事』、尹大統領が直接解明せよ」と、韓国政府が妥協したと問題視した。本章の冒頭でも論じた「外交惨事」という文言を用いての「糾弾」である。

このキャンペーンの影響もあり、共に民主党の議員も政府の対応を批判し、同党から選出されている禹元植《ウウォンシク》国会議長は、8月6日に「佐渡島鉱山ユネスコ世界遺産登録決定に関する立場表明文」を発表し、「今回の世界遺産委員会でも日本代表は強制労働に明示的に言及せず、『朝鮮半島出身労働者』という用語を用いて強制性を再度否定した」と主張している。

こうした反応に対して、趙兌烈《チョテヨル》外交部長官は8月13日の国会外交統一委員会に出席して、「強制性という用語はないが、『内容的』に事実上、強制性の表現を盛り込めた」と強調し、「屈辱外交」という指摘について、「不当な批判だと思う」と反論した（『韓国経済新聞』電子版2024年8月13日付）。

尹錫悦政権は、「相次ぐ低姿勢が影響を及ぼした」という批判に抗したのだ。

ところが、11月24日、新潟県佐渡市で実施された地元主催による「佐渡島の金山」の労働者追悼式を韓国政府関係者が欠席するという出来事があった。この追悼式に際して、否定的な報道ぶりが目立ったのも一因だとみられる。「そもそも日本政府が生稲晃子政務官を代表に送ったこと自体が、強制労働被害者と遺族を侮辱したものだ。彼女は参議院議員となった22年8月15日、太平洋戦争A級戦犯が合祀されている靖国神社を参拝するなど、極右カラーの政治家だ」（『京郷新聞』24年11月25日付、社説）といったトーンだった。

尹錫悦政権の低支持率もあいまって、韓国政府はこうした対日報道に配慮せざるを得ず、追悼式欠席を決めたようだ。なお、生稲氏の同神社参拝は共同通信が22年8月に報じたことで既成事実化していたが、行事終了翌日夜にこれが誤報であったと同通信が発表した。韓国メディアは日本での報道を根拠に対日論調を作り上げ、これが外交へも一定の影響を与えたことになる。

憲政史上初づくしで「暴走」する野党

ここで、韓国の内政に話を戻したい。4月の総選挙で当選した議員で構成される第22代国会は、6月5日に初めての本会議が開かれたが、与党議員が大挙して欠席した。日本ではこうした光景は想像もつかないが、韓国でも、野党単独による国会開会は憲政史上初めてである。共に民主党の禹元植議員が議長に選出されたものの、与党議員が誰も表決に参加しない異例の事態となった。

与党が欠席したのは、国会開催にあたっての段取りでことごとく野党がゴリ押ししたからだ。たとえば、新しい国会での18ある常任委員会の委員長ポストの配分をめぐる交渉である。結局、同10日には交渉に進展が見込めないとして、野党単独で本会議を開いて18のうち11の委員長ポストを選出してしまった。これも憲政史上はじめてのことだった。

それ以降も国会の運営は、300議席中175議席を占める野党第一党の共に民主党が主導し、祖国革新党（12議席）と連携しながら、「野党のやりたい放題」の状態が続いている。

特に、重要法案の強行採決と重要ポストの弾劾が常態化した。

放送通信委員会法などの「放送4法」改正法案（公営放送各社の重要事項や人事では労働組合の意向が以前よりも強く反映される内容）、民生回復支援金支給特別措置法（政府と地方自治体が国民1人当たり25万～35万ウォンを地域商品券で支給する内容）を、労働組合及び労働関係調整法改正案（労働者の範囲を労組加入などの個人事業主に、使用者の範囲を元請け業者までにそれぞれ拡大する内容など）が、野党単独によって7月から8月にかけて国会本会議で可決された。与党側と水面下での事前折衝をした痕跡はなく、政治攻勢のために提出、成立させた法案である。強行採決された法案に対し、大統領が拒否権を行使するのは明らかだった。

8月12日、尹錫悦氏は「放送4法」改正法案への拒否権を行使した。大統領就任以来、これが19件目の拒否権であり、民主化以降、歴代で最多記録を更新した。7月9日には、5日前に野党が成立させた「海兵隊員殉職特別検察法」に対して拒否権を行使していた。前述した2023年7月に発生した海兵隊員殉職事件の捜査方式を、検察組織から独立した特別検察官が主導するとした法案で、国民的な関心が強い。多くの国民が支持できる法案にまで拒否権が行使されるので、これが支持率低下の要因にもなっている。拒否権の乱発は大統領にとっては負担になっているのだ。

8月2日、国会本会議では閣僚級である李真淑《イジンスク》放送通信委員長の弾劾訴追案を野党単独で可決した。7月31日に任命されたばかりなので、就任からわずか2日後だ。同ポストへの弾劾は4回目であり、過去3回は可決前に辞任したため、訴追案通過はこれが初めてだった。野党は、同ポストに尹錫悦氏の意向に沿った人物をどうしても座らせたくなかったのである。

　大統領室のチョンヘジン代弁人は、即日で「放送通信委員長が勤務後1日だけで、どのような重大な憲法または法律違反行為を犯したというのだろうか。（中略）このような無謀な弾劾こそ、反憲法的、反法律的な行動だ」と、記者会見で共に民主党を批判した。北朝鮮がごみや汚物などを付けた風船を韓国へ向けて大量に飛ばしている問題とも関連付けて、「第22代国会に入ってからの2カ月間、共に民主党が発議した弾劾案だけで今回で7度目だ。北朝鮮が汚物風船を送りつけるのと、野党が汚物弾劾を行うことにいったいどんな違いがあるのか」と皮肉った。

　公開の記者会見で、大統領室が野党を露骨に批判するのは、「極端的二重権力」という構造になっているからだ。この言葉は培材大の金亨俊《キムヒョンジュン》碩座教授（政治学）が「再び道を失った保守、再建は可能か～中道拡張力を持つ〈保守の盧武鉉〉が出でよ」（『月刊中央』2024年6月号）という論文の中で使っていた。

　過去にも、総選挙で与党が過半数確保に失敗した事例はある。1996年、金泳三政権下の新韓国党（139議席／定数299議席）は過半数確保に失敗したが、比較第一党を維持した。2000年、金大中政権下の新千年民主党（115議席／定数273議席）は第二党となったが、比較第一党のハンナラ党とは18議席差だった。2016年、朴槿恵政権下のセヌリ党（122議席／定数300議席）は第二党ではあるが、共に民主党とは1議席差だ。いずれも、国民の力（108議席／定数300議席）と175議席を誇る「巨大野党」となった共に民主党との関係よりもずっとマシであった。

こうした力関係を背景にして、大統領室と国会議事堂があるソウル市内のそれぞれの地名から、尹錫悦氏が「龍山大統領」であるのに対して、大統領でもない李在明氏が「汝矣島大統領」とまで称されるようになった。「極端的二重権力」を象徴するような表現だ。

「極端的二重権力」構造のなかで「自爆」する政府与党

こうした「極端的二重権力」の構造のなかで、与党である国民の力が一枚岩かと言えば、そうではない。選挙後、「自爆」するような内紛が繰り広げられている。

7月23日、国民の力は全党大会で、空席となっていた党代表に韓東勳氏を選出した。前にも少し触れたが、検事出身の同氏は尹錫悦大統領の検察時代の後輩で、尹錫悦政権の初代法務部長官であった。2023年末、党トップの非常対策委員長に抜擢され、「党の顔」として4月の総選挙を戦ったものの、党が大敗し、一線を退いていた。ところが、6月末に党代表選へ出馬表明し、他の3人の候補者との間で、非難合戦を伴う選挙戦を展開していた。

党代表は党員投票と一般国民による世論調査を総合して決まる。その比率は前者が80%、後者が20%である。過半数を得る候補者がいない場合は、二次投票が行われる規定だが、同氏が62・84%（32万702票）を得たので、一度で決まった。次点の元喜龍《ウォンヒリョン》・前国土交通部長官は18・85%（9万6177票）、3位の羅卿瑗《ナギョンウォン》議員は14・58%（7万4419票）に過ぎなかった。

韓東勲氏は尹錫悦氏の庇護を受けて、検事から政治の世界に入ってきたが、総選挙の運動期間中に大統領との関係が悪化し、元喜龍氏ら大統領と近い「親尹系」と対立している。このため、党代表選での候補者間の舌戦は「喧嘩」に近いものだった。

では、尹錫悦氏と韓東勲氏の関係はなぜ悪化したのか。きっかけは、前述した大統領夫人の金建希氏が高級バッグを受け取ったスキャンダルをめぐる扱いである。

韓東勲氏は、2024年1月末、党非常勤対策委員長として仕切る4月の総選挙を意識し、この疑惑を「国民の目線」で対応する考えを示したところ、大統領室の李官燮《イグアンソプ》秘書室長から委員長職の辞任を要求された。韓東勲氏を不快に思った大統領本人の意向であることは明らかで、これが最初の衝突だった。

総選挙の投票日まで1カ月を切った3月中旬にも、両者の間では水面下で衝突があった。大統領周辺の人物たち(2023年7月の海兵隊員殉死事件での対応が疑問視されている国防部長官だった李鐘燮氏、報道陣へ暴言を吐いた大統領室の市民社会首席秘書官だった黄相武氏)をめぐる疑惑や失態が次々に明るみになっていたが、韓東勳氏にとっては、有権者の投票行動に影響を与える悪材に他ならず心穏やかではなかった。同氏と大統領サイドは水面下で対立した。

そして、党代表選の真っ最中にも、理解しがたいことが発生した。金健希氏自身が高級バッグをめぐる疑惑に関して、「非常対策委員会の観点から謝罪をするのが正しいとの決定を下してくだされば、そのご意向に従います」などと、国民への謝罪の意思を韓東勳氏にチャット(テレグラム)で1月中に5回にわたって伝えていたが、同氏がすべて無視(「既読スルー」)していたというのだ。これが7月5日に判明して、騒ぎとなった。

「既読スルー」をめぐっては、代表選の候補者間で、大統領室も巻き込んで、次のような発言が繰り広げられた。

韓東勳氏「全党大会を控えて私が代表になるのを阻止しようとする狙いがある。このような方法で全党大会に介入するのは間違っている。当時、大統領室は謝罪が必要だという意見

に強く反対する立場だった」（7月6日）
大統領室「全党大会の選挙過程で介入と干渉は一切なかった。今後もそうだ」「全党大会介入、党務介入などを公言した韓東勲氏に不快感を抱くしかない」（7月7日）
元喜龍氏「自分の過ちを隠すために大統領室を全党大会に引きずり込むのは、党を分裂させ、大統領を揺るがす『害党』行為だ」（7月7日）
羅卿瑗氏「韓氏の判断力が未熟だった。今からでも党員と国民に謝罪すべきだ」「大統領弾劾の土台を作っている」（7月11日）
こうした舌戦は、「謝罪しなかった金女史も、返信しなかった韓候補も理解できない」（『朝鮮日報』2024年7月10日付、社説）と、多くの人々を思わせた。
金建希氏によるチャットの内容は、「親尹系」によってリークされたのは明らかだった。韓東勲氏が「既読スルー」せずに、金建希氏の要請を受け入れて謝罪させていれば、総選挙で大敗することはなかったと、党員と世間へ印象付けることを狙ったのだ。
「既読スルー」以外にも、7月中は連日のように候補者間の舌戦が報じられた。ソウル大法学部卒の判事出身で、政界きっての美貌で知られる羅卿瑗氏は「朴槿恵元大統領を刑事起訴したのは韓東勲特検検事（当時）だった。自分が生きるために政権自体を危険にさらすのではないか。尹大統領に対する脅迫ではないか」（7月11日）と、韓東勲氏が朴槿恵氏を起訴したことまで蒸し返された。尹錫悦政権を支える同じ与党の政治家同士とは思えない光景だった。与党の「自爆」と言ってよい。

代表選での韓東勲氏以外の候補の発言は、同氏が尹錫悦氏の庇護で成長してきたにもかかわらず、大統領夫妻を裏切った「背信者」であるという印象操作が狙いだ。ただ、韓東勲氏にとっては「背信者」イメージはマイナスでもあれば、プラスでもある。一般に、韓国社会では「背信者」はきわめてネガティブに評価される。ただし、政権運営で国民に満足感を与えられない人物（大統領）への「背信」であって、「正義」に反する「背信者」ではない。党代表選の結果は投票した人の6割以上が、大統領に批判的であるということだ。進歩陣営や共に民主党に拒否感がある人々にとっては、韓東勲氏が中道層を含めた保守陣営の希望と映る。代表就任後も、韓東勲氏に尹錫悦氏との距離を縮めようとする動きはなかった。党執行部人事でも、「親尹系」派には譲歩しなかった。

尹錫悦氏にすれば、韓東勲氏の党代表就任は「尹韓内戦」での完敗を意味し、党へのコントロールが一層難しい状況となった。大統領は8月15日に1219人の特別赦免・減刑・復権を実施したが、その中には文在寅前大統領の側近だった金慶洙元慶尚南道知事が含まれている。同措置については、「ライバルの復権」となると共に民主党の李在明代表にとっては複雑な思いがあるといわれる一方で、韓東勲氏も「反対」を公言していた。

こうした状況から、『朝鮮日報』（2024年8月12日付、社説）は、「全党大会直後、韓代表は『私の政治目標は尹政権を成功させること』とし、『大統領とは様々な事案について自由に話すことができる間柄だ』とした。尹大統領も全党大会に出席し、『われわれは運命共同体』と和合を強調し、韓代表の当選が確定すると、『皆が韓代表を助けてやってほしい』と要請した。しかし、現実はこれと逆に行っている」と、両氏の言行不一致を指摘した。

「大統領弾劾」への動きと「党争」

韓国の国会ホームページには、何らかの請願を書き込んで、広く同意を求め、それを受け付ける「国民同意請願」というシステムがある。同意者が5万人を超える請願は、国会へ送付され、テーマ別に当該委員会で審議されることになっている。

6月20日、「尹錫悦大統領弾劾訴追案の即時発議の要請に関する請願」がアップされて、同24日に10万人、7月3日は100万人を超えて、締め切りの7月20日には143万人余りが「同意」した。

この請願の動きを受けて、担当する法制司法委員会の実権を握る共に民主党は、委員会の全体会議（7月9日）で「尹錫悦大統領弾劾訴追案の即時発議の要請に関する請願」に関する聴聞会を、7月19日と26日に開くことを野党単独で決めた。

請願を根拠にして「聴聞会」が開催される前例はこれまでなかった「文在寅大統領の時も146万人が弾劾請願をしたが、弾劾聴聞会は開かれなかった。常識外れだからだ。共に民主党は、こうした常識外れのことを平気でやっている」（『朝鮮日報』7月10日付、社説）という批判が出た。野党の政治攻勢であることは自明であった。

総選挙での与党大敗後、野党から「大統領弾劾」を言及する声が絶えなかった。「尹大統領の任期短縮のために弾劾訴追と改憲を同時に推進する」（祖国革新党院内スポークスマン、5月27日）、「もし今の状態で尹錫悦大統領が続くとすれば、弾劾のマイレージが積み重なっていく。弾劾列車が出発する可能性があるという警告を出す」（朴智元《パクチウオン》・共に民主党議員、5月31日）といった発言だ。

民主化以降の韓国で、この時点では大統領の弾劾訴追案が国会を通過したケースは、盧武鉉氏（2004年）と朴槿恵氏（2016年）の2人であった。崔順実《チエスンシル》氏という個人的な友人が国政にまで介入していたことが明らかになった朴槿恵氏の場合は、憲法裁判所での罷免（2017年）にまで至ったが、盧武鉉氏の場合は、憲法裁判所で弾劾訴追が棄却された。

2004年3月12日に国会で可決された盧武鉉氏に対する弾劾訴追は、与党の分裂と破天荒な政治運営への不信を背景にしたもので、①総選挙を前にした特定政党（分裂した新与党）のための不法な選挙運動、②大統領と側近による最小限の道徳的、法的正当性を喪失した国政運営、③国民経済の破綻などを主な理由にしていた。そして、この2カ月後に下された憲法裁判所による弾劾訴追に関する決定では、「罷免は、国民が選挙を通じて与えた大統領の民主的正当性をはく奪するものであり、罷免決定を正当化する事由もこれに相応する重大性を持たねばならない」などとして、弾劾理由を、「弾劾審判の判断対象とはならない」、もしくは「認定された大統領の違法行為は、罷免決定を正当化する事由にはならない」と、弾劾を棄却した（『中央日報』電子版2004年5月14日付、『読売新聞』夕刊2004年5月14日付）。

これによれば、弾劾審判の判断対象は厳格であって、当時、国民が選んだ大統領を免職させるのは慎重を期したことが伺える。

それでは、先の「尹錫悦大統領弾劾訴追案の即時発議の要請に関する請願」は何を理由にしていたのか。「国民同意請願」に書かれた理由を見ると、①海兵隊員殉職事件、②高級バッグ受領などの金建希氏をめぐるスキャンダル、③北朝鮮への敵視政策や日米韓の安全保障協力強化による戦争危機の助長、④日本企業が命じられた賠償分を韓国の財団が肩代わりすることによる徴用工問題の解決策、⑤東京電力福島第一原発事故を受けた「海洋放出」への対応の5点が挙げられている。

国会でたとえ弾劾訴追案が通過したとしても、政策への不満と犯罪性を立証するのが簡単ではないスキャンダルを中心とした理由で、憲法裁判所で罷免の判断が出るのは容易ではないという見方が多かった。

『月刊朝鮮』（2024年8月号）の「尹錫悦弾劾の可能性、法的根拠を考える……憲法裁、『「軽率な国政運営による政局の混乱・経済破綻」は弾劾事由ではない』」という記事には、「5つの弾劾事由、ただ一つも適法なことはない」（許営《ホヨン》・慶熙大学法学専門大学院碩座教授）、「尹弾劾聴聞会は違法、国会の職権濫用だ」（裵輔允《ペボユン》・元憲法裁判所公報官）、「一種の政治攻勢、弾劾が貫徹できるという考えはないのでは」（張永洙《チャンヨンス》・高麗大学法学専門大学院教授）といった小見出しを付けて、専門家の見解を紹介している。

ところで、植民地支配解放を記念する日（8月15日）である光復節には、政府主催の式典が実施される。立法・司法・行政の三府要人、与野党の代表が出席するのが常だが、2024年の第79回式典には、国会議長、主な野党の代表らが大挙して欠席した。同6日にあった政府人事で、一部から「親日派」とのレッテル貼りをされた人物が独立記念館の館長に任命されたことに対する大統領への抗議だという。国会議長は「国民の心配と怒りに大統領は何も答えなかった。（中略）独立運動を歪曲して、歴史を毀損する光復節祝祭式には参加しない。国家行事に立法府トップが出席できず、国民の皆様に申し訳ない」という声明まで出した。

これも「極端的二重権力」の構造を象徴する出来事だった。この構造は、野党にとっては大統領弾劾訴追案を提出しやすい環境である。

ただし、大統領の弾劾訴追案を国会で可決させるには在籍議員3分の2以上の賛成が必要だ。国民の力が3分の1以上の108議席を確保しているので、共に民主党が「巨大野党」であるといえども、造反者がいなければ無理であった。

それでも、前述した韓東勲氏と「親尹系」の喧嘩が、さらに大きな内紛へと発展し、国民の力が分裂した場合、弾劾をめぐる政局が一気に現実化することもないとは言えない状況だった。

進歩の文在寅政権下と変わらない保守の尹錫悦政権下の与野党の対立の激しさ、与党内で繰り広げられる内紛、検察で先輩だった大統領と元部下だった党代表の離反を見るにつけ、先に引用した「自己を相対化できず、おかれた条件を直視せず、名分論をかざして黒か白かを迫り他者を斬る発想」(田中明『物語　韓国人』、前掲)という、李朝以来の儒教知識人の思考方式や政派間の権力闘争である「党争」を髣髴とさせた。

２０２４年11月で尹錫悦氏は本来の大統領任期(２０２７年3月3日まで)の折り返し点を迎えていた。この時点で「弾劾」が見え隠れしたのである。

4.「非常戒厳」宣布・弾劾・逮捕の尹錫悦

「野党＝体制転覆を狙う従北反国家勢力」と暴走した大統領

２０２４年12月3日午後10時23分、尹錫悦大統領は「非常戒厳」を突如として次のように宣布した。そしてその理由を次のように述べた(大統領室「尹錫悦大統領、緊急対国民特別談話」、大韓民国政策ブリーフィングホームページ［運営：文化体育観光部］、２０２４年12月3日)。

私は北朝鮮共産勢力の脅威から自由大韓民国を守護し、韓国国民の自由と幸福を略奪している破廉恥な従北反国家勢力を一挙に剔抉し、自由憲政秩序を守るために非常戒厳を宣言する。

さらに、「私はこの非常戒厳を通して、亡国に陥っている自由大韓民国を再建して守る」と決意表明して、「そのために、私はこれまでに悪質な行動をした亡国の元凶反国家勢力を必ず剔抉する。これは、体制転覆を狙う反国家勢力の蠢動から国民の自由と安全、そして国家持続可能性を保障し、未来世代にきちんとした国を譲るための避けられない措置だ」と説明した。

北朝鮮に従う勢力を意味する「従北反国家勢力」という表現を使っているが、具体的には国会を指す。「国会は犯罪者集団の巣窟となり、立法独裁を通じて国家の司法・行政システムを麻痺させ、自由民主主義体制の転覆を企図している。自由民主主義の基盤になるべき国会が、自由民主主義体制を崩壊させるモンスターになったのだ」という認識を示した。

なぜこうした認識になったかといえば、定数３００議席の国会で１９２議席を握る野党（うち、共に民主党はこの時点で１７０議席）が、閣僚に対する弾劾訴追案や特定案件への特別検察法案を乱発し、政府提案の予算案の拒否などによって、「国政が麻痺状態にある」からだということ。

大統領による「非常戒厳」宣布を受けて、同日午後11時に戒厳司令部官（陸軍大将）が布告した内容は生々しい。具体的に、次の6点が記された。

①国会と地方議会、政党の活動と政治的結社、集会、デモなど一切の政治活動を禁じる。②自由民主主義体制を否定したり、転覆を企図したりする一切の行為を禁じ、フェイクニュース、世論操作、虚偽扇動を禁止する。③すべての言論と出版は戒厳司令部の統制を受ける。④社会混乱を助長するストライキ、怠業、集会行為を禁じる。⑤研修医をはじめ、ストライキ中や医療現場を離脱したすべての医療人は、48時間以内に本業に復帰して忠実に勤務し、違反時は戒厳法により処断する。⑥反国家勢力など体制転覆勢力を除いた善良な一般国民の日常生活の不便は最小化するよう措置する。

1987年の民主化から40年近くとなる韓国社会で、自由と民主主義を謳歌している人々からすれば、悪い冗談のような内容であった。

「反国家勢力」と名指しされた国会議員たちの動きは早かった。同4日未明、与党の国民の力所属を含めた190人の議員が国会議事堂へ集まって、「非常戒厳」を無効とする決議に全員が賛成した。憲法には、「国会が在籍議員過半数の賛成で戒厳の解除を要求したときには、大統領はこれを解除しなければならない」(第77条5項)という条項があり、これに基づく大統領への要求を迅速に処理したのだ。

即刻、「違憲で反国民的な戒厳宣言」（李在明・共に民主党代表）と野党第一党のトップが大統領を非難したのは当然だが、国民の力所属の呉世勲ソウル市長と朴亨埈釜山市長も「非常戒厳は直ちに撤回されなければならない」との声明をそれぞれすぐに発表した。国会での「解除要求」議決後、同党代表の韓東勲氏（非議員）は「与党としてこのような事態が発生し、非常に遺憾に思う。戒厳令に基づき軍と警察が公権力を行使することは違法」と述べ、「非常戒厳宣布は間違っている。国民と一緒に止める」とも強調した。

一連の動きを韓国メディアが詳報したほか、国会議員たちもSNSを通じて発信したので、韓国社会は大揺れとなった。当時、ソウルは零下0度の気温であったが、老若男女問わず多くの一般市民が国会前へと集結した。こうした人々の声もメディアや市民のSNSを通じて拡散された。たとえば、「根っから保守を支持しているが、尹錫悦政権の行動に対して怒りがこみ上げて、デモ隊に合流した。2024年の民主主義国家において、非常戒厳宣布はあり得ない。適切なことなのか」と、期末試験を前にしてソウル郊外からやってきた高校生の声なども報じられた（『オーマイニュース』2024年12月4日付）。

こうした状況から、明け方の4日午前4時27分、尹錫悦氏は国会の決議を受け入れて、「非常戒厳」を解除する談話を発表するに至った。それでも、「国家の機能を麻痺させる無道な行為は、直ちに中止するよう国会へ要請する」とも付け加えた（大統領室「尹錫悦大統領、対国民談話」、大韓民国政策ブリーフィングホームページ、2024年12月4日）。野党が国政を麻痺させているという主張を、大統領は降ろさなかったのだ。

わずか6時間の「出来事」であったが、尹錫悦氏の行動を支持する声はまったく主流ではない。保守系紙を含めて、すべての主要メディアが「尹大統領、違憲的戒厳の政治的・法的責任を負わなければならない」（『中央日報』2024年12月5日付、社説）などと、尹錫悦氏を強く非難した。

12月5日には、「非常戒厳」の宣言が違憲だったとして、野党6党は尹錫悦氏の弾劾訴追案を国会へ提出し、本会議に上程された。

「切迫感」ゆえと謝罪して党へ自身の任期を一任

尹錫悦氏は12月4日早朝から丸3日間沈黙を続け、国民の前に姿を現したのは7日午前10時であった。

映像を通じて国民向けの2分間の談話を発表し、「今回の非常戒厳の宣布は、国政の最終責任者である大統領としての切迫から始まった。しかし、その過程で国民に不安と不便を与えた。

大変申し訳なかった。今回の戒厳宣言に関して、法的・政治的責任の問題を回避しない」と謝罪した（「尹錫悦大統領、対国民談話」大統領室ホームページ、12月7日）。あわせて、「第二の戒厳のようなことは決してない。国民の皆さん、私の任期問題を含め、今後の政局安定案はわが党に一任する」と、自身の進退に関して直接的な言及はなかったが、今後の方向性を与党へ委ねることを明らかにした。

尹錫悦氏は、謝罪談話までの沈黙していた期間、韓東勳氏ら国民の力の指導部を大統領公邸に呼んで、数回にわたって会っている。『京郷新聞』電子版（2024年12月6日付）などによれば、尹錫悦氏は「非常戒厳」の目的を「野党の暴挙を国民に知らせるためだった」などと述べて弁明に終始し、12月4日の段階では国民への謝罪を行わない意向だったという。「野党が国政を麻痺させている」という、信じて疑わない切迫感があるからなのだろう。

ところが、6日午前、韓東勳氏は緊急の党幹部会議で「国と国民を守るため尹錫悦大統領の早急な職務執行停止が必要だと判断した」と表明した（ニューシス、12月6日）。これは、前日の段階では「混乱回避」を名目に党として反対することにしていた弾劾訴追案に、賛成する方向へと転じることを意味した。なぜ転じたかといえば、「非常戒厳」宣布と同時に、自身や李在明氏を含む与野党の主要な政治家を、尹錫悦氏が逮捕・収監しようとしていたことが確認されたからであった。

これを受けて、尹錫悦氏は6日午後に韓東勲氏を再び公邸に呼んで、主要政治家の逮捕・収監は自身が直接指示したものではないと釈明し、弾劾訴追案へは賛成しないように説得したという。会談後、韓東勲氏が「私の意見は、尹錫悦大統領が職務停止すべきだということだ。大統領からこの判断を覆すだけの言葉は聞けなかった」と述べたことを考えると、弾劾以外の合意による「任期短縮」などを韓東勲氏が建議し、尹錫悦氏もその場ではこれを拒否しなかった模様だ。

与党欠席で廃案となった最初の弾劾訴追案

12月7日午後5時、国会本会議では尹錫悦氏に対する弾劾訴追案の採決を開始した。採決に必要な定足数（全300議席の3分の2）を満たすことができず、午後9時過ぎには同案は廃案となった。

野党議員（192人）は全員出席していたが、国民の力の議員は108人のうち3人を除いて退場したからである。

国民の力が、弾劾訴追案に賛成せず、採決に参加しなかった理由は、表向きには、同案が可決すれば、憲法裁判所がその妥当性を判断するまでの間（最長で180日間）、大統領職不在の政治空白が発生し、社会が混乱する点を挙げていた。

ただ、実際には次のような状況が背景にあった。このまま野党主導で政局が動けば、共に民主党の李在明氏が次期大統領選で勝ち抜く可能性が濃厚である。同氏は公職選挙法違反など複数の裁判で被疑者になっており、数カ月以内に確定判決が出れば、選挙への出馬ができない。このため、国民の力としては選挙をできるだけ先延ばしたかったのである。また、朴槿恵氏が弾劾された際、当時の与党（セヌリ党）は訴追案の対応で二分して、その後に党分裂へとつながった。セヌリ党の流れをくむ国民の力には、そのトラウマがあった。

「非常戒厳」が韓国で出されたのは、1980年5月17日以来、44年半ぶりのことで、軍隊が国会へ侵入する場面は衝撃的であった。国軍が自国民へ銃を向けた光州事件（1980年）など、軍事政権下での出来事が「集団記憶」となっている韓国人にとって、尹錫悦氏の行動は、時計の針を巻き戻すような行為であった。この時点での世論調査（リアルメーター、2024年12月4日実施、n＝504）では国民の73・6％が弾劾訴追案の成立に賛成していた。

午前中の尹錫悦氏の謝罪談話に続き、同案への国民の力の対応には国民からの批判が集中した。SNS上の書き込みや「キャンドル集会」と呼ばれる尹錫悦氏への抗議集会でのプラカードには、党名をもじった「国民の荷物」、「国民の敵」といったフレーズが目立った。

弾劾訴追案の採決が不成立となった直後から、韓東勳氏が発信しはじめた構想は「秩序ある退陣」の推進であった。

韓東勳氏の失敗と弾劾可決でも強気の尹錫悦氏

12月8日、同氏は韓悳洙国務総理と会談した後、「対国民共同談話文」を発表した。「尹錫悦大統領が残った任期中に正常な国政運営ができないので、職から退かなければならないというのが、国民多数の判断だと思う。国民の力は執権与党であり、厳しい国民の評価と審判を謙虚に受け入れる。秩序ある大統領早期退陣で、大韓民国と国民に及ぼす混乱を最小限に抑えながら、安定的に政局を収拾し、自由民主主義を建て直す。これと共に民生経済と大韓民国の国格を守る」(「対国民共同談話文」、国民の力ホームページ、12月8日)と、弾劾によらない「秩序ある退陣」を目指すとしたのだ。

ところが、結果的に韓東勳氏の構想は不発に終わった。それは、世論の支持がないだけでなく、尹錫悦氏自身と「親尹系」が積極的ではなかったからだ。

これによって、韓東勳氏の株は下がった。「コロコロ変わる韓東勳、絶好の機会を逃した」(オーマイニュース、12月7日）とも指摘された。

さらに、12月12日午前、尹錫悦氏は国民向けの30分間にも及ぶ予想外の談話を発表した。「国政麻痺と国憲紊乱を主導した勢力と犯罪者集団」という極端な言葉を使いながら、共に民主党の振る舞いを厳しく非難した。また、「自由民主憲政秩序を回復して守り、国民に亡国的な状況を訴えた避けられない緊急措置」、「大統領による非常戒厳の宣布権行使は、赦免権行使、外交権行使と同じく、司法審査の対象にならない統治行為だ」と自らの行為を正当化した。そして、「私は弾劾であれ、捜査であれ、これに堂々と立ち向かう」と、「闘争宣言」をしたのだ（「国民へ送る言葉」、大統領室ホームページ、２０２４年12月12日）。

この談話を受けて、韓東勲氏は党の議員総会で「自らを合理化して、内乱を自白する内容だ」と指摘し、12月14日に採決となる再度の弾劾訴追案へは、党として賛成すべきだと表明した。あわせて、尹錫悦氏の除名に関しても党内で議論することを提案した。これには、「親尹系」の一部議員が、激しく反発した。

これまでとは異なり、韓東勲氏は、尹錫悦氏との完全な決別を鮮明にしたのだ。ただし、党の方針（弾劾反対）を変更させるには至らず、指導力不足が露呈した。16日、韓東勲氏は党代表職を辞任した。

結局、14日、再度の弾劾訴追案は国民の力から12人が「賛成」へ回り、同案は賛成205、反対85、棄権3、無効票8で、なんとか可決した。尹錫悦氏の大統領職は職務停止となった。

可決後も尹錫悦氏は強気で、映像を通じた談話のなかで、次のように述べた。「私は今しばらく立ち止まることになるが、過去2年半国民と共に歩んできた未来への旅は、決して立ち止まってはいけない。私は決してあきらめない」(「国民へ送る言葉」、大統領室ホームページ、12月14日」)。今後、憲法裁判所が180日以内に罷免の是非を判断することになった。

尹錫悦氏はなぜ極端な行動に及んだのか

「非常戒厳」の失敗に捜査機関は迅速に動いた。

12月6日、警察は約120人の捜査チームを、検察も特別捜査本部を立ち上げた。これに、政府高官らの不正を捜査する高位公職者犯罪捜査処(公捜処:日本メディアは「高捜庁」とも略称)による捜査も加わった(聯合ニュース、2024年12月10日)。同月8日、検察は内乱と職権乱用の2つの容疑で尹錫悦氏を捜査することを表明し、11日には、警察が尹錫悦氏を被疑者として大統領室の家宅捜索に着手したが、同室はこれを拒み、一部資料の提出のみに応じた。

検察は15日、尹錫悦氏へ出頭を要請したが、断られた。憲法では、「大統領は内乱又は外患の罪を犯した場合を除いては、在職中刑事上の訴追を受けない」（第84条）という条項がある。つまり、内乱であれば訴追の対象となるからだ。公捜処と警察の合同捜査本部も、18日、25日、29日と3回にわたって出頭要請したが、尹錫悦氏は応じなかった。

大統領に対する一連の捜査機関の動きは憲政史上、初めてのことである。30日には捜査本部は拘束令状の請求に踏み切り、31日、ソウル西部地裁がこれを発付した。

年が明けた1月3日以降、公捜処、警察、検察による合同捜査本部は、同氏の公邸へ赴くも拘束に失敗した。同7日には地裁が令状を再発付して、捜査本部と大統領側の間でにらみ合いが続いたが、同15日には尹錫悦氏が公邸から出ることに応じて、拘束された。ただ、高位公職者の職権乱用罪などを専門とする公捜処には、現職大統領の内乱罪に関する捜査や令状執行の権限がないとする同氏は、徹底して取り調べを拒否した。

公捜処は同19日に同氏を逮捕したが、取り調べ拒否を続けたため、同23日に起訴権限を持つ検察へ早くも事件を送致した。同26日には検察が同氏を内乱の「首謀者」と位置付けて、内乱罪で起訴に踏み切った。これによって刑事裁判が始まる。

これとは別に、憲法裁判所による大統領に対する弾劾審判の弁論が1月14日に始まった。第

3回弁論から、尹錫悦氏は弾劾訴追された大統領として史上初めて出廷し、「私は自由民主主義という信念をしっかり持って生きてきた。判事の皆さん、よく調べてほしい」などと述べている。

大統領サイドは、裁判官の一部が野党と強いつながりがあるという不信感を持ち、週2回のペースで進む弁論の開催頻度の速さも、次期大統領選を早めたい共に民主党からの圧力だと見做している。保守層を中心とした一般国民からも、「非常戒厳の発布は許せないが、進歩陣営である野党も信用できない」といった姿勢が垣間見えるようになっていった。

ともあれ、検察総長出身の尹錫悦氏にとって、国家元首といえども、極端な行動に及べば、捜査機関が機敏な動きを見せることはわかりきっていたはずである。なぜ尹錫悦氏は権力の座から一夜にして転落する行動に及んでしまったのであろうか。

正常な判断能力を失っている精神状態であったことが、まず考えられる。「非常戒厳」を宣布する談話で、大統領がこれまで任命した閣僚の22名が野党主導で弾劾訴追を発議されるなど、「世界のどの国にも類例がないだけでなく、わが国が建国以降に全く類例がなかった状況」（大統領談話）だったのは事実であり、予算も政府原案を国会が通さなかった。大統領と議会の「二元代議制」どころか、「二重権力」のような構造であって、相当なストレスを感じていたのは間違いない。

加えて、前述した夫人の金建希氏をめぐる数々のスキャンダルを、野党やメディアは執拗に追及した。それを「政治攻勢」（11月7日の記者会見）とかわしていたが、尹錫悦氏は夫人をかばい続け、自暴自棄になっていたきらいすらある。保守の論客で、韓国経済新聞主筆だった鄭奎載氏は、「すでに過度なアルコールで国政を遂行できない段階に到達したと思う」「その怒りが統制できない状況が1年以上持続してきた」などと、ラジオ番組で述べている（CBSラジオ、2024年12月9日）。共に民主党の朴賛大《パクチャンデ》議員（院内代表）は、尹錫悦氏の自己を正当化する談話を非難する声明のなかで、「尹錫悦は極右のYouTubeの深刻な中毒者」という見方を示した（ニューシス、2024年12月12日）。鄭奎載氏は「とにかく最近、保守全体が陰謀論的な世界観に陥り、保守全体の水準がとても低くなった。龍山（大統領室）の秘書陣も欺かれることがあるようだ」とも、ラジオ番組で語った。

そして、「非常戒厳」を宣布する際に使った「北朝鮮共産勢力の脅威から自由大韓民国を守護し、韓国国民の自由と幸福を略奪している破廉痴な従北反国家勢力を一挙に剔抉」という表現からは、一部の陰謀論を真に受けている可能性すら感じられる。野党の国会での「やりたい放題」や金建希氏への追及が、北朝鮮に操られていたと本気で思っていたのだろうか。戒厳軍は国会だけでなく、中央選挙管理委員会に侵入したが、これは同委員会に北朝鮮がハッキングしたことがあるので、調べるためだったと12日の談話では主張している。

なお、北朝鮮当局は1週間の沈黙後、「深刻な統治危機、弾劾危機に瀕した尹錫悦傀儡が不意に非常戒厳令を宣言し、ファッショ独裁の銃剣を国民に容赦なく向ける衝撃的な事件が起き、傀儡韓国全土は阿鼻叫喚の場と化した」（『労働新聞』２０２４年12月11日付）などと、韓国の動きを伝え始めた。弾劾訴追案の可決も同紙16日付などで報じ始めた。

少ない側近と政治的構造の問題も

尹錫悦氏に関しては、信頼できる側近がいなかったことも、以前よりも指摘されていた。そもそも韓東勳氏は、検事時代の後輩であり、自身が政権に引っ張ってきたのに、金建希氏の扱いなどが原因で関係が悪化してしまった。

「非常戒厳」宣布の直前に召集された国務会議（閣議）で、本件を審議したところ、閣僚の全員がこれに反対したが、尹錫悦氏がたった5分で審議を打ち切り、これを無視していたことを、韓悳洙国務総理が12月11日に国会で明らかにした。これは、大統領をいさめることができる側近がいなかったことも意味する。

もっとも、尹錫悦氏のパーソナリティだけで、これだけ極端なことを行えるわけではない。憲法では「大統領は、戦時・事変又はこれに準ずる国家非常事態において兵力により軍事上の必要に応じ、又は公共の安寧・秩序を維持する必要があるときには法律の定めるところにより戒厳を宣布することができる」（第77条1項）となっているにしても、本件を審議した国務会議で閣僚の全員がこれに反対したのに、大統領が宣布を強行できる政治的な構造が存在するのだ。

これでは、まるで皇帝のような振る舞いができるということではないか。「大統領こそが国家経営を左右し、『選出された皇帝』なのである。過去の権威主義時代に比べて恣意性がかなり減ってきたものの、それでも議院内閣制とは雲泥の差である」（金浩鎮『韓国歴代大統領とリーダーシップ』小針進・羅京珠訳、柘植書房新社、2007年）と、金大中政権下で閣僚経験もある著名な政治学者が、いみじくも指摘している。

大統領執務室を、前政権まで使っていた青瓦台から龍山地区への移転を、計画からわずか2カ月程度で尹錫悦政権が断行させたことを、先に紹介した。日本で首相官邸を移すとなったら、2カ月で実現させるのはまず無理だ。国民との距離を縮めて、実務を重視する目的から、「脱青瓦台」を選挙公約にしていたとはいっても、「選出された皇帝」ゆえ実現できたのであろう。

憂慮される日米韓協力への悪影響

一連の事態は外交関係へも大きな影響を及ぼした。

12月4日、米国のブリンケン国務長官とサリバン大統領補佐官（国家安全保障担当）は、「非常戒厳」に関して米国への事前通知がなかったことを明らかにした。キャンベル国務副長官は「尹大統領はひどく判断を誤ったと思う」と述べた（ロイター、2024年12月4日）。

日韓関係にも影響が出た。12月中旬に予定されていた菅義偉自民党副総裁（元総理）ら日韓議員連盟幹部による訪韓が中止となった（『産経新聞』電子版12月4日付）。シャトル外交の一環として予定されていた石破茂総理の訪韓も延期となった。石破氏は、12月8日、「特段かつ重大な関心を持って事態を注視したい」「大切な隣国で、今後も緊密な連携を図っていくことに変わりはない」と述べている。キャンベル氏のような「非常戒厳」への直接的な論評は控えており、日本当局の尹錫悦氏への配慮であると観測されている（『読売新聞』2024年12月10日付）。

12月11日、岩屋毅外務大臣と趙兌列外交部長官は電話会談を行い、様々な情勢が複雑化するなかにあっても、両国関係の重要性は変わらないことを確認している（「日韓外相電話会談」、外務省ホームページ、2024年12月11日）。同日、日韓議員連盟も総会を開き、「韓国の内政が流動的になっているときこそ、議員外交の持つ役割は高められている」と菅氏が強調した（『産経新聞』電子版2024年12月11日付）。

日韓間の政治・外交関係は、尹錫悦政権発足によって、劇的に改善した。これは尹錫悦氏のリーダーシップによるところが大きく、その存在がなくなれば、今後、支障が出るのは間違いない。少なくとも、尹錫悦氏の大統領任期である2027年5月までは、日韓関係の基調が維持されることが前提となっていた。

尹錫悦氏の任期半ばの罷免が決まり、大統領選が行われて、たとえば次期大統領に日本への強硬発言で知られる李在明氏が就任すれば、2025年で国交正常化60周年を迎えた日韓関係は、尹錫悦政権下の状況とは大きく変化することが予想される。李在明氏は日韓間の安保協力を非難したことがあり、もう一方の米国は同盟関係を重視しないトランプ氏が2025年1月に大統領に就任した。「キャンプ・デービッド原則」（2023年8月）で示されたような日米韓協力も頓挫する可能性がある。

「弾劾」をめぐる日本人の「眺め」

このような「非常戒厳」宣布、弾劾、逮捕をめぐっては、日本人の韓国への「眺め」にも影響を与えた。韓国政治の不安定性を指摘する視点と「非常戒厳」に抗議する市民たちの姿勢を評価する視点が交差しているのだ。

たとえば、『朝日新聞』（2024年12月5日付）の社説「韓国『非常戒厳』 民主主義 破壊する愚挙」は、「大統領が『政治の停滞』を口実に戒厳令を宣言する。およそ民主国家であってはならない事態が韓国で起きた」という書き出しである。ところが、「今回注目されたのは、戒厳軍が迫る中、与野党議員らが駆けつけ、非常戒厳の解除要求決議案を可決した国会の対応であり、それを支援した市民の存在だった。権力の暴走を止めた民主主義の底力を評価したい」で結んでいる。

SNS上の書き込みやテレビ・ラジオでの出演者の発言も、非正常な事態への違和感と市民の行動への礼賛を、それぞれ吐露する表現が共存した。

たとえば、TBSテレビのニュース番組「Nスタ」でキャスターを務める同局の井上貴博アナウンサーは、12月4日放映の番組内で「韓国ではまだ民主主義が根付いていない」といった趣旨の発言をして、波紋を広げた。井上氏は、3日後、自らがパーソナリティを務めるTBSラジオの番組「井上貴博　土曜日の『あ』」で、「非常に軽率な発言でした。強く反省をしています」（12月7日）と釈明した。

ＳＮＳ上では、井上氏の発言をめぐって、様々な書き込みがあった。Ｘを見ると、「この局アナ発言には驚かされる。尹大統領が非常戒厳宣布し、与野党を超えて民衆が国会に集結し命懸けでクーデター阻止。この背景には、１９８７年独裁政治を民衆の力で終焉させた韓国の民主主義の歴史がある。日本の方が危うい」（12月４日午後）、「日本よりも韓国のほうが、民主主義としては成熟しているだろう。自分達が納得できないことにはきちんと抗議できるのは、韓国に民主主義が根付いている証拠ではないかと思う」（12月７日午後）などと、井上氏の発言を批判するポストが目立った。

もちろん、「民主主義が根付いてる国は戒厳令なんてしないよ。井上アナの発言は真っ当な意見だと思うけど」（12月５日午前）、「井上アナウンサーの発言は言い得て妙」（12月６日午前）、「本当の事を言ったら次の日に謝罪？」（12月８日午後）と、井上氏を擁護するポストも少なくなかった。

それでも、韓国は「勝ち取った民主主義」の国であって、見方によっては日本よりも「成熟」しているという「眺め」が多数あることが見てとれる。朴正煕政権期の１９７０年代の韓国に対しては、日本人に広く共有されていたイメージは「独裁国家」であったことを想起すると（鄭大均『韓国のイメージ』、前掲）、あまりにも対照的である。

大学生の反応を知るため、「非常戒厳」が出た直後、筆者が講義を持つ静岡県立大学と慶應義塾大学の計88人の学生（両校ほぼ半数ずつ）へ、「今回の韓国の事態を受けて、『自分の知っている韓国とは違った』など、困惑する点があったら教えてください。また、この事態の不安から、『年末年始に韓国旅行を予定していたが考え直した』とか、『韓国留学を予定していたが再考することにした』などと考えた人も教えてください」と、質問をしてみた。すると、ほぼ半数の43人がオンライン機能で「困惑」や「驚き」を書き込んでくれた。

ここでも、民主主義の「成熟」を評価するものが多数あった。「国民の対応には感銘を受けた。夜中でもデモを開催し、一部の国会議員も数々の障害を乗り越えて国会に集結した。このような行動はすごく真っ当なものだと思う」（男、慶應）、「SNSを見ていると、韓国の国民が自分たちで民主主義を守ろうとする姿を賞賛しているようなコメントが数多くあった。隣国で起きた出来事によって日本では、自分たちも政治に参加し、自分たちでよりよい国を作ろうと感じた人は少なからずいるのではないかと思う」（女、静岡）といったものだ。

他方、「韓国に対して、初めて遅れている印象を持った」（女、静岡）、「年越しを韓国でする予定だったが、戒厳令が発令された時には不安感が大きく、渡韓をやめようかと考えた」（女、慶應）という「当惑」も少なくなかった。これは、第二章で前述した「『推し』がいる韓国」、

「かわいい韓国」、「ポップカルチャーの先端の国である韓国」との大きなギャップによるものであろう。

また、学生からは次のような反応もあった。「この事態が日韓関係に影響を及ぼすのではと不安を感じた。大統領の交代により、日本へ強硬姿勢がとられる可能性も高い。それ以上に、韓国で大きな事件（特に政治的な事件）が起きて、それがSNSで盛り上がると、反日・嫌韓などの二項対立に誘導する人々が現れるので困る」（男、慶應）、「韓国に留学したいと思い、そのためにも県立大に入った。今回の出来事で留学をやめる選択肢はないが、尹錫悦政権が終わり、反日が再び強くなるのではないか。今までと同様に日本人へ接してくれるだろうか」（女、静岡）といったものだ。

日韓関係を劇的に改善させた立役者が、尹錫悦氏であることを、学生たちもよく認知しているからだ。

そもそも、日本社会では尹錫悦政権が終わった後、次に「反日大統領」でも就任したらどうなるのかという「不安」が存在してきた。少なくとも、尹錫悦氏の大統領任期である2027年5月までは猶予されると思われてきた。尹錫悦氏の「退場」によって、その「不安」が早い時期に「現実」になるかもしれないという空気感が漂った。

「李在明＝反日」という「不安」や「眺め」はどうなるのか

「不安」の背景にあるひとつは、共に民主党代表である李在明氏の存在である。２０２２年の大統領選で惜敗した同氏は、尹錫悦政権下でも次期大統領選での有力な候補になると目されると同時に、「反日」色がある発言をする政治家であることも、日本で知られているからだ。

たとえば、２０１６年11月23日、当時の朴槿恵大統領（当時）が弾劾される直前、李在明氏は、軍事情報包括保護協定（ＧＳＯＭＩＡ）を日本との間で締結した朴槿恵氏を「売国奴」と決めつけ、「日本はまだ侵略戦争を反省せず、むしろ独島（竹島）挑発で侵略意思を露骨化している。軍事的側面から見ると、依然として日本は敵性国家であり、日本が軍事大国化すれば、最初に攻撃対象となるのが朝鮮半島であることは自明だ」とフェイスブックで書いた。その後も「日本はいつも信じられる完全なる友邦国家なのか」（２０２１年11月10日）といった発言を繰り返し、尹錫悦政権発足後も、日米韓の安全保障協力の進展を念頭に、「極端的親日行為による対日屈辱外交に続く、極端的親日国防だと考えざるを得ない」（２０２２年10月7日）といったフレーズで政権攻撃を行った。前述したように、福島の「海洋放出」問題では、駐韓中国大使とも「共闘」したほどだ。

ところが、尹錫悦氏の弾劾後、「李在明＝反日」という「不安」を払拭するかのような動きも聞こえてきた。２０２４年12月26日、国会を訪れた水嶋光一・駐韓日本大使に対して、日本への親近感と日韓関係の重視を強調する発言をしている。「李在明党代表、水嶋光一駐韓日本大使接見挨拶」（共に民主党ホームページ、２０２４年12月26日）から抜粋すると、次のようになる。

▼韓米日協力関係であれ、韓日関係協力問題であれ、とても重要な大韓民国の課題である。▼私は個人的に日本に対する愛情がとても深い人間である。見かけとは裏腹に、私は過去の一時期、日本の侵略や大韓民国の国民たちに対する人権侵害に対して、大変な敵対感を抱いて生きてきたが、弁護士をしていた時期、日本を訪れて私の考えは大きく変わった。日本に長期出張して、日本国民の親切さ、勤勉さ、美しいマナーに魅了された。▼私は、韓国と日本がお互いに協力して、肯定的にお互いに助けになる方向へと、いくらでもよく協力し、共存し、共同で繁栄できる道を見つけることができると信じる。▼韓日間で文化交流や経済協力などが、軍事問題や歴史問題などと分離して、活発に交流協力がなされれば、日本に対して非常に敵対的な感情を持っていた李在明という人が日本を訪問したところ、日本に対する考えがはっきり変わったように、韓日関係も根本的に改善される余地が大きくならないだろうかと考える。

李在明氏の「変化」に関しては、日米両国などの外交当局が同氏を不安視していることへの対応を始めたという見方のほか、これまで同氏が見せた外交姿勢による反米や反日イメージを薄めて、中国や北朝鮮に拒否感がある中道層からの支持を得たいためのアクションという見方が指摘されている（『韓国経済新聞』電子版2024年12月26日付）。

12月7日に否決された最初の弾劾訴追案には、尹錫悦政権の外交を批判する次のような文言が入っていた。「いわゆる価値外交という美名の下で、地政学的バランスを度外視したまま、北朝鮮と中国、ロシアを敵対視し、日本中心の奇異な外交政策に固執し、日本に傾倒した人事を政府の主要職に任命するなどの政策を展開することによって、北東アジアで孤立を招来させ、戦争の危機を促して、国家安全保障と国民保護義務を放棄してきた」（議案番号6205「大統領（尹錫悦）弾劾訴追案」、2024年12月4日）。

ところが、12月14日に可決された第二回目の弾劾訴追案からは、これが削除された。共に民主党で国際委員長を務める姜仙祐《カンソヌ》議員が、12月13日に明らかにしたところによれば、最初の案は草案の段階で他の野党の意見を採用して入っていたが、「李在明代表は該当内容を削除し、弾劾と直接関連のある事案を中心とする弾劾訴追案の文案を再作成したうえで、外交・安保問題に対する共に民主党の立場を正しく明らかにするよう指示した」という。そして、「共に民主党は韓米同盟の重要性を誰よりもよく知っており、固く支持する。また、韓日友好協力関係も発展的で未来志向的に導いていく」、「北朝鮮の非核化と朝鮮半島の平和定着、そして朝鮮半島統一のための韓米日協力関係も重要だ」と、姜仙祐氏は説明した（ニューシス、12月13日）。

また、李在明氏の外交ブレーンである共に民主党の魏聖洛《ウィソンラク》議員は、弾劾可決後の共同通信とのインタビューで、「党内には歴史問題で日本に注文を付けようという主張もあるが、中心の考えは日本との関係改善、韓米日協力の強化だ」、「新冷戦といわれるような周辺情勢がある。韓米日の共同対処は時代の流れだ」と述べた。さらに、尹錫悦政権が進めた徴用工問題の解決策に関しては「悪い案でない」として、共に民主党政権が誕生しても「大きく揺るがないだろう。維持しなければいけない」と、日本側にある「不安」を打ち消している（共同通信、2024年12月22日）。

魏聖洛氏は、外交部出身で駐ロシア大使まで務めた人物だ。李明博政権下では朝鮮半島平和交渉本部長の職にあり、日本の外交官にも知己が多い。

こうした流れや人材の存在は、多くの日本人が持つ「李在明＝反日」という「不安」や「眺め」を解消していくのだろうか。あるいは、本書第一章の冒頭で論じたように、日韓間の「眺め合い」で再び「葛藤」が目立つようになっていくのであろうか。

歴史的な視点も必要な韓国社会への「眺め」

「韓国大統領に関しては在任中の暗殺や亡命、退任後の自殺や刑事訴追の例はあるが、現職での拘束は韓国史上初めてだ」とは、尹錫悦氏が公捜処によって拘束された直後の『産経新聞』(2025年1月16日付)の主張(社説)である。この社説は「異様な事態だ」というフレーズで始まっており、韓国の歴代大統領に対して感じている多くの日本人が持つ「眺め」を物語るものである。

尹錫悦氏による「非常戒厳」は多くの国民から厳しい批判を浴びたが、時間を経るにしたがって、同氏を攻撃する野党への不信感も生まれていった。特に、尹錫悦氏の大統領職務権限の停止によって、その権限を代行していた韓悳洙国務総理まで、「野党に従順でない」と共に民主党が主導して12月27日に弾劾訴追してしまったことは、安定を望む中道層からも野党や大統領弾劾賛成派への不信を生んだ。

裁判所が発布した尹錫悦氏に対する拘束令状の執行をめぐる公捜処と大統領警護庁による攻防、憲法裁判所での弾劾審理に対する尹錫悦氏の非協力、弾劾支持派と反対派の激しい非難合戦なども日本のメディアは詳報した。

こうした状況を、『毎日新聞』(2025年1月8日付)は「国内外への影響を顧みぬまま、政治的思惑を優先させる姿勢が目に余る」というタイトルの社説を掲載した。直前の1月6日に北朝鮮が日本海へ向けてミサイルを発射し、同20日にはトランプ氏の米大統領就任を控えて、「米新政権の下でも日米韓連携を機能させ続けるため、日韓の緊密な協力が必要な局面」だけに、内政干渉（？）とも誤解されかねない「目に余る」という表現を使ったのだろう。

韓国内政の激しい動きに関しては、歴史的な視点も必要である。弾劾の賛否をめぐる市民や与野党議員間の行動は、儒教的な士大夫（道徳的社会の実現を理想とする朝鮮王朝時代の知識人）の抵抗メンタリティといってよい側面が見て取れる。

小倉紀蔵氏は、「社会の総士大夫化」という言葉を使って、韓国社会を説明している（『韓国の行動原理』、前掲）。朝鮮王朝では、士大夫が王の政治に対して批判し、それを正すことのできる最大の勢力であった。士大夫こそが理を掌握し、王は理から逸脱する傾向を持ち、士大夫によって社会が修正されるべきだとするのが朱子学である。「道徳的な理を現実社会に実現する」という儒教的統治は、朴正煕政権下では批判されたが、産業化が達成された1990年以降はそれが理想とされるようになった。

かつての「王の間違った判断を正すことができるのは自分たちしかいない」という考えを持つ士大夫のように、道徳的社会を実現するために「政権の間違った政策や判断を声高に批判・

糾弾して正す」という政治的行為を現代韓国の「市民」が発出していると見ることも可能だ。小倉氏は、日本語の語彙とは文化社会的コノテーションに差があるとして、「市民」とカッコ付きで記している。

道徳的ヘゲモニーを握っている士大夫＝「市民」が実際に権力を持つ韓国社会は、日本のような官僚支配の社会とは異なるのである。日本から、韓国社会の動きを眺める際、こうした歴史的な視点も必要である。

おわりに

「今回韓国でプレーできるというのはすごい楽しみですし、空港でもああやって迎えてもらえてすごいありがたいなと思っていました」

大リーグ、ドジャースの大谷翔平選手の言葉である。2024年3月16日、出場する大リーグ開幕シリーズが行われるソウルに着いてからの記者会見での発言だ。

韓国そのものについて、「好きな国のもちろんひとつ」ともコメントしていた。こうした発言を、韓国メディアも韓国のSNSも好意的に応じていたのはもちろんだが、日本でも否定的な反応はほとんどなかった。「大谷翔平」というナイスガイの言動ゆえだけでなく、日本社会のその時点での韓国への否定的な「眺め」が強くなかったからでもある。

本書第一章で見たような、日韓間の外交対立によって「してやられた感」が支配していた時期だったら、どうであったであろうか。大谷選手のソウル入り自体が見送られていたかもしれない。同年6月には、ソウル都心のど真ん中・光化門にある朝鮮日報本社ビルの壁に、大谷選手をモデルにした伊藤園「お～いお茶」の大型広告が出現した。ある韓国紙の記者は「度肝を抜かれた」と驚いていた。これもその時点での韓国社会の日本への「眺め」が「反日」一辺倒ではなかったからだといってよい。

筆者は、同年8月にジャーナリストの大貫智子氏との共著で、『日韓の未来図　文化への熱狂と外交の溝』（集英社新書）を出版した。そこでは、日韓間の「眺め」において、政治・外交の方が、文化交流・現象の動きよりも上位にあるのだといったことを、主張した。「政治・外交の関係が悪くても、文化交流・現象があるから問題ない」という楽観論への異議申し立てである。

おそらく、安倍晋三―文在寅両政権下のように「戦後最悪の日韓関係」などといわれた時期であったならば、大谷選手のソウルでの記者会見も大型広告もお目見えしなかったはずだ。その「戦後最悪の日韓関係」を政治・外交面で改善させた立役者である尹錫悦大統領は、本書の初校が出た直後である12月3日、「非常戒厳」を宣布し、同14日弾劾され、2025年1月15日には逮捕されてしまった。第三章の「4」は、このために書き足したものである。

憲政史上初めて現職の韓国大統領が逮捕された直後、本書でも触れた「国格が落ちた」という声が韓国で聞かれた。日本社会へも、（第二章で使った言葉だが）「推し」がいる韓国という存在に対する新たな「眺め」を提供した。大統領の逮捕は、法治による民主主義の成熟を意味するのか、それとも政情不安定の後進性を意味するのか。少なくとも、これまでも存在した「大統領が不幸になる国」という「眺め」を補完することになった。

本書は一般財団法人霞山会の霞山アカデミー・オンライン講座「日本と韓国の『眺め合い』を考察する」(2024年2〜3月、全3回)での話をベースにしつつ、これまで執筆した論稿(同会発行のアジア専門月刊誌『東亜』など)や講演原稿などを整理し、大幅に加筆したものだ。日韓間の「眺め合い」をキーワードにして、韓国社会や日韓関係を考察する材料にして頂ければ幸甚である。

本書をまとめるに当たっては、出版化を強く勧めてくださった霞山会文化事業部の齋藤眞苗氏に大変お世話になった。感謝の気持ちを記したい。あわせて同会理事長の阿部純一氏、常任理事の六鹿茂夫氏、理事の倉持由美子氏のご理解、齋藤氏と共に校閲に携わってくださった千葉憲一氏、堀田幸裕氏、のお力添えにもお礼を申しあげたい。

小針　進

主要参考文献一覧

【書籍】

安倍晋三『安倍晋三回顧録』橋本五郎・尾山宏 聞き手／北村滋監修、中央公論新社、2023年
安倍誠編『日韓経済関係の過去と現在』アジア経済研究所、2019年
石井健一・小針進・渡邉聡『日中韓の相互イメージとポピュラー文化〜国家ブランディング政策の展開』明石書店、2019年
伊東順子『韓国　現地からの報告――セウォル号事件から文在寅政権まで』筑摩書房、2020年
林志弦『犠牲者意識ナショナリズム　国境を超える「記憶」の戦争』澤田克己訳、東洋経済新報社、2022年
エリス・クラウス『NHK vs 日本政治』後藤潤平訳、東洋経済新報社、2006年
小倉紀蔵『韓国は一個の哲学である――〈理〉と〈気〉の社会システム――』講談社、2011年
小倉紀蔵『韓国の行動原理』PHP、2021年
桂幹『日本の電機産業はなぜ凋落したのか』集英社、2023年
姜在彦『朝鮮儒教の二千年』朝日新聞社、2001年
木宮正史『日韓関係史』岩波書店、2021年
金浩鎮『韓国歴代大統領とリーダーシップ』小針進・羅京珠訳、柘植書房新社、2007年
木村幹『日韓歴史認識問題とは何か』ミネルヴァ書房、2014年

小針進編『崔書勉と日韓の政官財学人脈――韓国知日派知識人のオーラルヒストリー』同時代社、2022年
小針進・大貫智子『日韓の未来図　文化の熱狂と外交の溝』集英社、2024年
沈揆先『慰安婦運動、聖域から広場へ　韓国最大の支援団体の実像に迫る』箱田哲也訳、朝日新聞出版、2022年
田中明『物語　韓国人』文藝春秋、2001年
鄭大均『日韓のパラレリズム 新しい「眺め」合いは可能か』三交社、1992年
鄭大均『韓国のイメージ　戦後日本人の隣国観』中央公論社、1995年
鄭大均『日本（イルボン）のイメージ』中央公論社、1998年
藤野裕子『民衆暴力――一揆・暴力・虐殺の日本近代』中央公論新社、2020年
ロー・ダニエル『竹島密約』草思社、2008年
ロー・ダニエル『「地政心理」で語る半島と列島』藤原書店、2017年
渡辺靖『文化と外交』中央公論新社、2011年

【論文など】

西寺郷太「NiziU 日本芸能界に来た『黒船』」『文藝春秋』2021年1月号
渡邊雄一・安倍誠「韓国はコロナ対策の優等生なのか？――『K防疫』と新たな成長戦略の模索」佐藤仁志編『コロナ禍の途上国と世界の変容：軋む国際秩序、分断、格差、貧困を考える』日本経済新聞出版、2021年

小針進・渡邉聡「韓日交流プログラムに参加した若年韓国人の対日認識――ＪＥＮＥＳＹＳプログラム参加者と非参加者への意識調査から――」、ソウル大学校日本研究所・韓日親善協会編『韓日間交流と国家親善』Ｊ＆Ｃ、２０１３年（韓国語）
金光洲「尹錫悦弾劾の可能性、法的根拠を考える……憲法裁、『「軽率な国政運営による政局の混乱・経済破綻」は弾劾事由ではない』」『月刊朝鮮』２０２４年8月号（韓国語）
金亨俊「再び道を失った保守、再建は可能か～中道拡張力を持つ〈保守の盧武鉉〉が出でよ」『月刊中央』２０２４年6月号（韓国語）
宋泓根「歴史から探す文在寅政権のルーツ論――『道徳闘争』する現代版衛正斥邪派？」『新東亜』２０１９年3月号（韓国語）

【報告書など】

『訪日外国人の消費動向　２０２３年／年次報告書』国土交通省観光庁、２０２４年
「ＪＣ・ＪＫ流行語大賞２０２０を発表　『きゅんです』『ぴえんヶ丘どすこい之助』がランクイン！」『PR TIMES』２０２０年11月30日
「KLOOKが『ワンダーロスト症候群』に関するアジア太平洋13市場の調査結果を発表」『PR TIMES』２０２１年1月14日
「ＪＣ・ＪＫ流行語大賞２０２１を発表『きまZ』『ガルプラ』『渡韓ごっこ』がランクイン！（受賞者コメントあり）」『PR TIMES』２０２１年11月29日
「【Duolingo　Japan　Report】第４次韓流ブームなどの影響でZ世代は韓国語が〝常用化〟!? 47％が「自

身もしくは周りの人が普段の生活に韓国語を取り入れている」と回答」『PR TIMES』2022年4月8日
「【Duolingo Language Report 2023】世界5億人のユーザーと各都道府県100人に聞いた年次調査発表日本語人気は5位と安定、日本語学習者の86%が30歳以下とZ世代に人気」『PR TIMES』2023年12月6日
「Z世代が今人気だと思う部活No.1はダンス部！ 部活を通して養われるものは〝忍耐力・体力〟から〝コミュニケーション能力とリーダーシップ〟へ——高校部活動に関する意識調査——」『PR TIMES』2024年4月16日
「2023年版『ファッションの参考にする国』に関するアンケート調査結果を発表 女性は10代から40代、60代以上で『韓国』が1位、男性は全年代で『アメリカ』が5年連続1位に」『ラクマラボ』2023年10月12日

【ウェブサイト記事（署名入り）】

稲川右樹「韓国・日本の10代が使ってる『日韓ミックス言語』を知ってますか」『現代ビジネス』2020年2月16日
犬山紙子「上司にしたい！『言語化の神』J.Y.Parkの言葉が心に響く理由」『FRaU』2020年7月4日
廣瀬涼「2021年JC・JK流行語大賞を総括する——『第4次韓流ブーム』と『推し活』という2つのキーワード」、ニッセイ基礎研究所ホームページ、2021年12月15日

まつもとたくお「2組はほぼ新人『紅白』K-POP勢が突如躍進した背景　ガールズグループ3組それぞれの魅力に迫る」『東洋経済オンライン』2022年11月22日
ユ・チャンソン「「ユ・チャンソンの是是非非」『検察共和国』や『ソ五男』を作ろうとしてはいけない」『時事ジャーナル』電子版2022年6月20日号（韓国語）

【週刊誌・ウェブサイト等の無署名記事】

「安倍晋三総理×米倉涼子 スペシャル対談」『りぶる』2018年4月号
「北朝鮮で頭がいっぱい　関係悪化の日本に対する韓国人の感情」『AERA』2019年3月4日号
「『嫌韓』よりも『減韓』、『断韓』を考える　厄介な隣人にサヨウナラ　韓国なんて要らない　日韓両国のメリット・デメリットを徹底調査」」『週刊ポスト』2019年9月13日号
「NiziU生みの親J.Y.Parkの名言が胸アツ！ 心に刺さるフレーズ7選」『sweet』2020年11月号
「若い女性を増やし、リピート率も高い　コロナ禍でも2年で1・5倍増と驚異的な成長『韓国コスメ』の売場強化戦略」『月刊マーチャンダイジング』2022年7月号
「ノ・ミヌ、綾瀬はるかと熱愛説で近況→右翼説」、iMBC芸能、2020年7月1日（韓国語）

【公式ホームページ】

［**日本語**］NHK／外務省／国土交通省／滋賀県／首相官邸／総務省／TBS／東京都議会／内閣府／日本政府観光局／富士山マガジンサービス／防衛省／文部科学省／日本ユニセフ協会／BTS JAPAN OFFICIAL FANCLUB
［**韓国語**］エムブレイン・パブリック／外交部／環境運動連合／韓国観光公社／韓国ギャラップ／韓国

文化観光振興院／韓国貿易協会／国会／国民の力／青瓦台／大統領室／共に民主党／文化体育観光部／リアルメーター

〔**中国語**〕外交部

【掲載・配信記事】

〔**日本**〕『朝日新聞』／『神奈川新聞』／『佐賀新聞』／『山陰中央新報』／『産経新聞』／『静岡新聞』／『信濃毎日新聞』／『しんぶん赤旗』日曜版／『中日新聞』／『東京新聞』／『日刊スポーツ』／『日経産業新聞』／『日経流通新聞』／『日本経済新聞』／『北海道新聞』／『毎日新聞』／『山梨日日新聞』／『夕刊フジ』／『読売新聞』／共同通信／時事通信

〔**韓国**〕『オーマイニュース』／『韓国経済新聞』／『韓国日報』／『京郷新聞』／『国際新聞』／『ソウル新聞』／『中央日報』／『朝鮮日報』／『東亜日報』／『ファイナンシャルニュース』／『文化日報』／『毎日経済新聞』／ニューシス／ニュースワン／聯合ニュース

〔**北朝鮮**〕『労働新聞』／朝鮮中央通信

略歴

小針　進（こはり　すすむ）

1963年千葉県生まれ。東京外国語大学朝鮮語科卒業、韓国・西江大学校公共政策大学院修士課程修了。ソウル大学校行政大学院博士課程中退。政治学修士。特殊法人国際観光振興会（現・日本政府観光局）職員、外務省専門調査員（在韓日本大使館政治部勤務）などを経て、静岡県立大学国際関係学部教授。公益財団法人日韓文化交流基金理事（2014〜22年）、現代韓国朝鮮学会会長（2018〜20年）を歴任。慶應義塾大学非常勤講師を兼務。著書に『韓国ウオッチング』（時事通信社、1995年）、『世紀末韓国を読み解く』（東洋経済新報社、1998年）、『韓国と韓国人』（平凡社、1999年）、『韓国人は、こう考えている』（新潮社、2004年）、『韓流ハンドブック』（共編著、新書館、2007年）、『日韓交流スクランブル——各界最前線インタビュー』（大修館書店、2008年）、『日韓関係の争点』（編共著、藤原書店、2014年）、『日中韓の相互イメージとポピュラー文化』（共著、明石書店、2019年）、『文在寅政権期の韓国社会・政治と日韓関係』（柘植書房新社、2021年）、『崔書勉と日韓の政官財学人脈　韓国知日派知識人のオーラルヒストリー』（同時代社）、『日韓の未来図　文化への熱狂と外交の溝』（共著、集英社新書）など。

霞山アカデミー新書　社0001

日本と韓国の「眺め合い」を考察する

令和七年三月十五日　発行

著者　小針　進

発行者　阿部純一

発行所　一般財団法人　霞山会

〒一〇七－〇〇五二
東京都港区赤坂二丁目一七－四七
赤坂霞山ビル

印刷・製本　㈱興学社